我国民族传统体育文化的传播与发展研究

张 丽/著

吉林出版集团股份有限公司
全国百佳图书出版单位

图书在版编目(CIP)数据

我国民族传统体育文化的传播与发展研究/张丽著.
－－长春：吉林出版集团股份有限公司,2021.7

ISBN 978-7-5731-0050-4

Ⅰ.①我… Ⅱ.①张… Ⅲ.①民族形式体育－体育文
化－文化传播－研究－中国②民族形式体育－体育文化－
发展－研究－中国 Ⅳ.①G852.9

中国版本图书馆 CIP 数据核字(2021)第 146236 号

WOGUO MINZU CHUANTONG TIYU WENHUA DE CHUANBO YU FAZHAN YANJIU

我国民族传统体育文化的传播与发展研究

著 者	张 丽	
责任编辑	冯 雪	
装帧设计	马静静	

出 版	吉林出版集团股份有限公司	
发 行	吉林出版集团社科图书有限公司	
地 址	吉林省长春市南关区福祉大路 5788 号 邮编：130118	
印 刷	三河市德贤弘印务有限公司	
电 话	0431－81629712(总编办) 0431－81629729(营销中心)	
抖 音 号	吉林出版集团社科图书有限公司 37009026326	

开 本	710mm×1000mm 1/16	
印 张	12	
字 数	202 千	
插 图	13 幅	
版 次	2022 年 4 月第 1 版	
印 次	2022 年 4 月第 1 次印刷	

书 号	ISBN 978-7-5731-0050-4	
定 价	78.00 元	

如有印装质量问题,请与市场营销中心联系调换。 0431－81629729

前　言

　　全球化是生产力发展的必然过程,是人类文化激荡交融的历史进程,在全球化发展中,世界各国的差距愈发突显,但客观上也给各个国家带来了广大的发展机会。西方发达国家现代化水平高,在全球化进程中占有优势,不仅在经济领域独领风骚,而且文化领域的渗透与扩张也占据优势地位。与此同时,全球化趋势下东方体育文化也迎来了发展的生机,东方体育文化可以通过现代性改造或彰显现代社会价值而突破西方体育文化的重围,焕发新的生机与活力。我国作为多民族国家,在不同的历史形态、地理形态、文化形态中孕育了丰富色彩的民族体育文化。中华民族传统体育文化是中国文化的象征符号,是中华民族归属感与认同感的重要体现,也是中华民族凝聚力的文化表征和中国文化软实力的重要组成部分。在全球化背景下,民族传统体育文化的传播与发展具有十分重要的意义。要弘扬中国优秀灿烂的传统文化,提升国家文化软实力,实现体育强国发展目标,就必须重视民族传统体育文化在全球化背景下的发展与传播。基于此,作者在查阅大量相关著作文献的基础上,精心撰写了本书。

　　本书共有八章内容,第一章阐述民族传统体育的基本理论,以形成对民族传统体育的基本认识。第二章分析全球一体化背景及民族传统体育的发展态势,以了解本书的研究背景,掌握民族传统体育发展的来龙去脉和发展现状,为探索民族传统体育文化的传播与发展路径而提供现实依据。第三章分析民族传统体育文化的内涵与价值,以深刻了解民族传统体育文化的重要性,发挥其价值,提高传播效果。第四章至第六章探索全球化视野下民族传统体育文化的传播与发展,包括学校领域的传播与发展、国际化传播与发展以及区域性传播与发展,从不同维度与层次提升民族传统体育文化传播与发展的效率与成果。第七章提出了全球化视野下我国民族传统体育文化传播与发展的多元路径,具有重要的现实指导意义。最后分析民族传统体育重点项目传播与发展的案例,从重点项目入手寻求全球化发展的突破口,具有重要的借鉴与启示作用。

总体而言,本书具有以下几个特点。

第一,系统性。本书以全球化为背景而探索我国民族传统体育文化的传播与发展之路。在内容结构的安排上,首先阐述民族传统体育的理论知识、分析民族传统体育的发展及民族传统体育文化的内涵与价值;其次着重探讨全球化视野下民族传统体育文化的多元化传播与发展路径;最后举例分析民族传统体育重点项目的传播与发展。总体来看,结构完整,内容丰富,层次清晰、递进,具有较强的系统性。

第二,时代性。随着各国之间文化的频繁交流、碰撞与融合,文化全球化已经成为客观存在。文化全球化给中华民族传统体育文化的发展带来了前所有未有的机遇和挑战。在这一时代背景下如何抓住机遇,应对挑战,推动民族传统体育文化的创造性发展,实现中华民族的伟大复兴,成为文化建设的重大研究课题。本书在全球化的时代背景下探讨民族传统体育文化的传播与发展,具有重要的时代意义。

第三,创新性。我国是多民族国家,各民族在长期的历史发展中各自形成了丰富多彩的民族传统体育文化,在全球化背景下传播与发展民族传统体育文化,要考虑不同民族的地理环境、历史背景、文化习俗,要因地制宜地传播与发展。另外,在全球化视野下传播与发展民族传统体育,要树立正确的、宏观的、具有大局观的理念,"人类命运共同体"正是这样一种理念,在该理念的导向下传播与弘扬民族传统体育文化,将促进民族传统体育文化与世界体育文化的共同繁荣。

总之,本书重点研究全球化背景下我国民族传统体育文化的传播与发展,提出了科学有效的传播与发展建议,希望本书能够为推动中华民族传统体育文化的国际化传播及可持续发展做出贡献。

本书在撰写过程中参考并借鉴了很多专家、学者的研究成果,在此表示诚挚的感谢。由于作者水平有限,书中难免有不妥与疏漏之处,敬请广大读者批判指正。

作　者
2021 年 4 月

目　录

第一章　民族传统体育理论概述

　　民族传统体育是我国的瑰宝，历经各个历史时期的发展，中华民族传统体育延续至今并获得持续不断的发展。在发展的历史长河中，民族传统体育逐渐形成了自身完善的理论体系，这是其发展的必然。本章就重点阐述我国民族传统体育的基本理论体系，以帮助人们更加深刻地认识与理解民族传统体育的内涵，理解民族传统体育发展对于我国社会主义现代化建设的意义。

第一节　民族传统体育概念解析

　　民族传统体育可以说是在中华历史上一个或多个民族内流传或继承的体育活动的总称。从字面上来看，民族传统体育主要包含三个方面的含义，即体育的、民族的和传统的。这三个方面缺一不可，缺少了任何一方面，都不能称之为民族传统体育。

　　伴随着时代的不断发展，关于民族传统体育的研究内容也越来越多，这极大地丰富了我国民族传统体育的理论研究体系。在民族传统体育众多内容研究中，关于其概念的研究历来是一个重点，也是一个存在诸多争议和分歧的地方。不同专家及学者都对民族传统体育的概念有着不同的见解与看法。

　　学者熊志冲认为："民族传统体育是在中华大地上诞生和发展而来的，是以中华大地为根的一种体育形式"。

　　学者蒋东升认为："民族传统体育是指以人体运动为基本手段，有目的、有意识地以人的身心发展为中心，达到发展身体、娱乐休闲、丰富文化生活、传承民族文化为目的，在我国 56 个民族中产生、传承的社会文化活动的总称。"这一观点强调了民族传统体育的目的，认为民族传统体育是一种社会文化活动。

学者陈国瑞认为:"民族传统体育是指某一个民族或几个民族在一定范围所开展的,具有浓厚民族文化色彩和特征的传统体育活动,它是相对于外民族传入的,现代新兴的体育项目而言的。"这一概念强调民族传统体育的传统性,注重民族传统体育与外来体育文化的区别。

学者倪依克认为:"民族传统体育是指某一个或几个特定的民族历代传承下来的,在一定范围内开展的、具有浓厚民族文化色彩和特征的竞技娱乐活动。"这一概念强调了民族传统体育的竞技特性和文化特性,这一特性与社会其他文化现象存在着明显的差异。

学者崔建功认为:"民族传统体育特指包括汉民族在内的中国各民族在长期的历史发展过程中逐渐形成、继承和延续的富有民族文化色彩和特征的体育活动。"这一概念强调了民族传统体育的文化性和体育性,这一特性与其他体育运动之间有着很大的不同。

综合以上诸位专家及学者对于民族传统体育概念的看法,我们将民族传统体育定义为:民族传统体育是指某一个或几个特定的民族历代因循传承下来的、在一定范围内开展的,具有浓厚民族文化色彩和特征的竞技娱乐活动。

实际上,世界上其他国家的民族也有自己的传统体育,与我国民族传统体育一样,其他国家民族的体育文化也呈现出自身鲜明的特色。因此,关于"民族传统体育"的概念适用于世界上任何国家的民族。中华民族传统体育作为一种长期发展形成的文化形态,蕴涵了中国历史文化各个领域的精髓,有着丰富的内涵与外延。①

中华民族历史悠久,经过各个时期的发展,各民族之间相互沟通与交流,实现了共同发展。在发展的过程中,各民族不仅在经济、生活、文化等方面产生了交流,在体育方面的交流也日渐频繁,从而形成当今民族传统体育文化体系。伴随着时代的发展和锦衣,相信我国民族传统体育文化体系必将更加丰富和完善。

---

① 谭华.体育史[M].北京:高等教育出版社,2009.

第二节 民族传统体育的内容与特点

一、民族传统体育的内容

经过长期的发展,我国民族传统体育形成了丰富的内容体系,其内容按照不同的标准划分,可以分为以下几个部分。

(一)民族传统体育性质分类下的内容

一般来说,民族传统体育可以分为以下几类。

1. 娱乐类方面的内容

这一类民族传统体育主要是以娱乐为目的,参加这一类项目,人们能获得愉悦的心理感受。大量的民族民间体育项目都属于此类内容。如棋艺、各种投掷类游戏等都属于这一方面的内容。

(1)棋艺,主要目的为开发智力、休闲娱乐。如象棋、围棋等都属于这一类项目。

(2)踢打类项目,如踢毽子、踢沙包等。

(3)投掷类项目,如抛绣球、抛沙袋等。

(4)托举类项目,如掷子、抱石头等。

(5)舞蹈类项目,如跳芦笙、耍火龙、跳桌等。

以上民族传统体育项目都具有较强的娱乐性,深受人们的欢迎和喜爱。

2. 健身养生类方面的内容

健身养生类民族传统体育也是我国民族传统体育的重要内容,这一类项目内容也是丰富多彩的,如太极拳、气功等都是非常具有代表性的项目。另外,这一类项目技术动作都比较简单、轻缓,运动强度不大,适合绝大多数人群参与。

3.竞技类方面的内容

我国民族传统体育中的很多项目也都具有一定的竞技性特点,经过长期的发展,很多项目都有了自身的竞赛规则,人们在尊重竞赛规则的基础上参加这些项目。如武术、木球、抢花炮、蹴球、龙舟、民族式摔跤、板鞋竞速等都是颇具影响力的民族传统体育项目,深受各族人民的欢迎和喜爱。其中,武术、龙舟等项目甚至在国际上都具有较大的影响力。

(二)民族传统体育项目的形式与特点分类下的内容

依据民族传统体育项目的形式与特点分类,可以将民族传统体育项目分为跑跳投类、球类、水上项目、射击等多种类型。下面就简单介绍这些分类的主要项目。

(1)跑跳投项目。如雪地走、跳马、丢花包等。

(2)球类项目。如木球、珍珠球、蹴球、毽球等。

(3)水上项目。如赛龙舟、独竹漂等。

(4)射击项目。如射箭、射弩等。

(5)骑术项目。如叼羊、姑娘追等。

(6)武艺项目。如顶杠、摔跤等。

(7)舞蹈项目。如跳竹竿、跳火绳、踢毽子、跳绳等。

(8)游戏项目。如秋千、斗鸡、打手毽等。

(三)不同民族开展项目分类下的内容

中华民族历史悠久,各个民族在长期的发展过程中都形成了本民族的特色文化,其中传统体育就是非常重要的文化内容。以不同民族开展的项目为依据进行分类,各民族的代表性传统体育项目见表1-1。

表1-1　我国各民族有代表性传统体育项目表

序号	民族名称	代表性项目	数量(项)
1	蒙古族	摔跤、赛马等	15
2	回族	木球、掼牛等	47
3	藏族	赛牦牛、赛马等	32

续表

序号	民族名称	代表性项目	数量（项）
4	维吾尔族	摔跤、赛马等	11
5	苗族	秋千、划龙舟、独竹漂等	33
6	彝族	摔跤、赛马等	43
7	壮族	抛绣球、抢花炮等	28
8	布依族	丢花包、秋千等	8
9	朝鲜族	跳板、摔跤等	7
10	满族	珍珠球、冰嬉等	45
11	侗族	抢花炮、草球等	13
12	瑶族	人龙、打陀螺等	8
13	白族	赛马、赛龙舟等	14
14	土家族	打飞棒、踢毽子等	43
15	哈尼族	磨秋、打陀螺等	5
16	哈萨克族	刁羊、姑娘追等	7
17	傣族	赛龙舟、跳竹竿等	13
18	黎族	打花棍、钱铃双刀等	7
19	傈僳族	弩弓射击、泥弹弓等	21
20	佤族	射弩、摔跤等	12
21	畲族	操石磉、打尺寸等	9
22	高山族	竿球、顶壶等	17
23	拉祜族	射弩、鸡毛球等	19
24	水族	赛马、狮子登高等	4
25	东乡族	羊皮筏子、羊皮袋等	13
26	纳西族	东巴跳、秋千等	10
27	景颇族	火枪射击、爬滑竿等	12
28	柯尔克孜族	姑娘追、刁羊等	23
29	土族	轮子秋、拉棍等	3
30	达斡尔族	曲棍球、颈力等	11

续表

序号	民族名称	代表性项目	数量（项）
31	仫佬族	抢花炮、打篾球等	6
32	羌族	推杆、摔跤、骑射等	6
33	布朗族	藤球、爬竿等	5
34	撒拉族	拔腰、打蚂蚱等	10
35	毛南族	顶竹竿、下棋等	12
36	仡佬族	打篾鸡蛋球、打花龙等	3
37	锡伯族	射箭、摔跤等	6
38	阿昌族	耍象、龙、荡秋、车秋等	9
39	塔吉克族	刁羊、赛马等	2
40	普米族	射箭、射弩、磨秋、摔跤等	9
41	怒族	跳竹、怒球等	8
42	乌孜别克族	赛马、刁羊、摔跤等	3
43	俄罗斯族	嘎里特克等	1
44	鄂温克族	套马、狩猎、滑雪等	3
45	德昂族	射弩、梅花拳、左拳等	3
46	保安族	赛马、夺腰刀、抱腰等	7
47	裕固族	赛马、摔跤、射箭等	7
48	京族	踩高跷、跳竹竿等	5
49	塔塔尔族	赛跳跑、爬竿等	2
50	独龙族	射弩、溜索比赛等	11
51	鄂伦春族	射击、赛马等	11
52	赫哲族	叉草球、叉草人等	13
53	门巴族	射击等	1
54	珞巴族	射箭、碧秀（响箭）	2
55	基诺族	竹竿比赛、摔跤、高跷等	11
56	汉族	投壶、蹴鞠、布打球等	301

（四）地域为依据分类下的内容

我国不仅是一个多民族国家，也是一个地域辽阔的国家，各区域内的民族众多，他们都有着自身特色鲜明的传统体育文化。一般来说，地域分布情况可将我国分为东北内蒙古、西北、西南、中东南四大区域，各个区域都有特色鲜明的体育文化内容，呈现出明显的地域性特征。

二、民族传统体育的特点

（一）较强的生命力与凝聚力

中华民族有着悠久的历史，在长期的发展过程中逐渐形成了特色的民族体育文化。长期以来我国都是以农业经济为基础，逐渐形成了农业为主题的传统文化体系，这是由我国独特的地域环境所决定的，长此以往就形成了我国独具特色的传统文化，民族传统体育正是在这样的环境和背景下得以形成与发展。

总体来看，我国绝大部分地区都有着非常优越的自然条件，这就为农业的发展以及农业文明的建立奠定了良好的基础，久而久之就逐渐形成了以农业文明为主体的中国传统文化体系，因此可以说，农业文明是我国传统文化发展的重要根基。有学者曾经指出"在中国占主导地位的传统文化，无论是物质的，还是精神的，都是建立在农业产业的基础上的。"尽管有一部分学者对我国古代农业文明的社会结构存在着一定的异议，但其中一个不容忽视的事实却是中国文化是目前世界上唯一一个从未间断的文化类型，这一事实是不容抹杀的。尽管中国文化并不是世界上起源最早的文化类型，但却是生命力最为顽强的一个文化体系，发展至今仍然具有强大的生命力，这是其他国家的文化所不可比拟的。这也是中华民族得以延续与发展的重要源泉和推动力。

中国传统文化之所以能延续至今并获得持续的发展，其主要原因包括两个方面：一方面，中国具有得天独厚的地域环境，在这一环境之下孕育了发达的农业文明，形成了自给自足的农业经济格局，这一经济格局对我国各个方面的发展都产生了重大的影响。另一方面，中国传统文化具有统一性、包容性和延续性等特征，与其他国家有着明显的区别。这也是我国民族传统体育得以良好发展的重要基础。

总体而言,我国民族传统体育项目大都是建立在农业基础之上的,呈现出鲜明的特色。以武术文化为例,我国武术中的很多拳种都起源于农业区,如少林拳和陈式太极拳主要起源于农耕文明的发源地之一河南省。另据研究发现,今天的河南省中部和北部、河北省的西南部、山东省的西部等是中国古代的夏商周的中心地区,这些地区也是我国最早的农业区,这一区域内有着优越的自然条件,非常适合农耕,从而孕育出了我国的农业文明。而受农业文明的影响,中华民族传统体育才得以不断延续和发展。

总之,在发达的农业文明环境下,我国的民族传统体育获得了快速的发展,与国外体育文化形成了较大的差异。而在当今"一带一路"发展理念的背景下,中国独有的地域优势仍然会发挥重要的作用,我国的民族传统体育也将会获得可持续性发展。

(二)鲜明的主体性和整合性

我国有着悠久的历史,经过各个时期的不断发展形成了独特而深厚的文化底蕴和内涵。不论是各种物质内容还是体育习俗都对世界各国人民产生了一定的影响,吸引了大量的海外游客前来了解与探索。在当今社会背景下,人们对体育健身的欲望比以往更加强烈,与西方竞技体育相比,我国民族传统体育比较温和,运动量和运动强度都不大,对人体的损伤较小,这是西方竞技体育所不具备的优势,在这一方面,对于热爱休闲健身的人群有着一定的吸引力,尤其是对于中老年人而言。民族传统体育的这种优势是中华民族传统文化的精髓所在,呈现出鲜明的主体性和整合性特征。

我国是一个文明古国,中华民族在长期的发展过程中逐渐形成了自身特有的文化体系,正是在这一文化体系的影响和推动下,中华民族才获得了持续不断的发展。这一文化体系的内容非常丰富,其中哲学体系、道德体系、文学艺术体系和体育文化体系都是非常重要的内容。中国是一个多民族国家,在这一丰富的文化体系的影响下,民族传统体育才得以生根、发芽和发展。受传统文化的影响,中国各民族都形成了自身特色鲜明的体育文化,大部分的体育项目都有着很深的民族烙印,这与中华民族整个文化体系的发展是分不开的。

受传统文化的影响,中华民族传统体育呈现出与众不同的特色。而在各个历史时期政治、经济、宗教、民俗等因素影响下,各民族的传统体育也呈现出相应的特色。在以上诸多因素的影响下,中华民族传统体育文化才呈现出显著的传统特性。随着时代的不断发展,这一传统特性被保留下来并发扬光大。大部分的民族传统体育项目都是在民间产生的,受民间民俗的影响,带有鲜明的民俗文化特点,这也是民族传统体育的一个重要特性。每逢重大节日,在节日期间人们就会成群结队地参加各种民俗体育活动,这些节日的举办为民族传统体育的发展提供了良好的平台。如蒙古族的那达慕体育大会就是一个典型的例子。每年在蒙古族的那达慕大会上都会有射箭、摔跤、赛马、拔河等多种多样的体育项目,通过这些民族体育项目的举办,蒙古族的体育文化得以持续不断的发展下去。苗族的节日也很多,如"起秋""跳年会"等都是重要的节日,在这些节日期间,人们会参加跳鼓、射弩、赛马、爬花杆等多种传统体育运动,极大地丰富了自身的精神文化生活。如今,在全民健身运动广泛开展的背景下,其中很多项目都成为热爱健身的人们的选择,获得了进一步的发展。

总之,中华民族传统体育呈现出鲜明的主体性特点,这一主体性特点为本民族体育文化的发展奠定了良好的基础。但这一主体性特点也不是固定的和封闭的,而是随着时代的发展和变化而不断与其他民族文化沟通与交流,从而形成一个多元文化的载体,如此才得以持续不断的向前发展。如印度的佛教在传入中国后,历经各个朝代的发展,与中国的传统文化进行融合后逐渐形成了中国化的佛教思想,后来的宋明理学就是在这样的佛教思想影响下产生的。又如中国的少林武术,少林武术在我国甚至上国际上都有着一定的影响力,它也是在中国化的佛教影响下产生的,汲取了佛家思想同时又融合进了禅武思想从而形成了一个较为完善的理论体系。

我国地域辽阔,民族众多,随着各个时期的不断发展,逐渐形成了丰富多彩的民族文化,多种多样的民族传统体育就是其中非常重要的内容。这些各具特色的民族传统体育项目与中华文化相互交流与融合从而形成了当今我国这样一个特有的体育文化体系。

(三)持久的激励性

中华民族历史悠久,在长期的发展中,受社会政治、经济、文化、民俗等各方面因素的影响,逐渐形成了独具特色的民族体育文化体系,这一文化体系具有持久的激励性特点,正因如此,中华民族传统体育才始终保持发展的活力,一直延续至今并得以不断发展。

中国有着悠久的历史传统,长期建立和形成的丰富的文化体系深深影响着社会每一个层面,对每一个国民也产生了深刻的影响。在这一文化传统的影响下,国民的认同感和归属感都得到了极大的增强,由此可见,民族传统文化具有持久的激励性。

在中国发展的历史长河中,儒家思想和道家思想对我国的影响十分深远,儒家思想文化甚至成为中国的主流文化思想体系,在这一文化思想体系的影响下,中华民族传统体育文化也得以不断发展,可以说儒家思想文化是中华民族传统体育文化的母体。儒家思想所阐释的人文理念深深地融进了中华民族的血脉,对整个国家的意识形态都产生了重要的影响,董仲舒的"罢黜百家、独尊儒术"就是这样一种体现。除此之外,儒家思想文化的"内圣外王"的人生价值观也决定了中国体育道德至上、修身为国的价值取向。尤其是儒家思想所倡导的"和"文化更是深深影响着中华民族传统体育文化的发展,它所强调的人与自然的和谐统一成为区别于西方竞技体育的重要标志。

儒家的"和"文化是其重要的精髓所在,它主张"和为贵""和而不同""天人合一"等思想。伴随着时代的不断发展,这些思想深深影响着每一个国民,影响着社会各个层面,使得中国的传统体育文化呈现出独有的特色。以传统武术为例,武术比赛不仅注重技艺的对抗,同时还主张"以礼始以礼终""和为贵""点到为止"这些精神都是儒家思想"和"文化的具体体现。这种思想对于培养集体主义精神和民族利益为上的价值观具有非常重要的意义。

历经各个时期的不断发展,民族传统体育文化已经成为中华民族的重要符号特征,其所彰显出的精神深深激发着每一个国民,增强了国民的凝聚力,这对于中国社会主义现代化的建设以及中华民族的伟大复兴都具有深远的影响和意义。

(四)极强的包容力

中华民族拥有几千年的历史文明,在长期的发展中,各种文化相互碰撞交融形成了如今丰富的文化体系。各种文化现象的碰撞与交融充分展示出了我国传统文化所具有的包容性的特点。受此影响,中华民族传统体育也呈现出同样的特征。可以说,每一个民族文化都有自身的特色和独有的文化内涵,正因如此,其他文化现象在进来时就会产生一定的吸纳或排斥机制,正是在这一排斥机制的影响下,民族传统文化才得以维系和持续发展,而也真是在这一吸纳机制的影响下,中华民族传统体育文化才能与其他文化相互融合,整个文化体系得以不断丰富和完善。受中国传统文化的影响,中华民族传统体育也呈现出鲜明的主体意识和强大的包容力,各民族的传统体育文化相互交融在一起共同形成了一个特有的文化共同体。

我国民族众多,各个民族都有自身特色鲜明的民族文化。受地理环境的影响,我国在长期的发展过程中也形成了不同区域文化的格局,如齐鲁文化、吴越文化、秦文化等。另外还形成了不同派别的文化,如儒家思想文化、佛教文化、道教文化等。正是在这些文化的影响下,我国才构成了一个丰富多彩的文化体系。在我国传统文化包容性特征的影响下,不同文化现象相互交融,共同发展。以传统武术为例,传统武术经过各个时代的演进与发展,其内容体系不断丰富和完善,主要衍生出了套路与格斗两个体系,其中套路又包括各个项目,单练包括诸多拳种,各个流派以及各个拳种之间相互借鉴与吸收,获得了共同发展。

总之,中华民族传统体育文化具有极强的生命力和包容力,各民族各个项目能够在与其他文化想象碰撞与交流的过程中借鉴和吸收其有益的成分而获得进一步的发展,这也是中华民族传统体育文化得以延续与发展的一个重要原因和优势所在。

(五)较强的辐射力

中华民族传统体育文化不仅具有很强的包容力,而且还具有极强的辐射力。这主要体现为民族传统体育文化对异质文化的包容和同化,以及民族传统体育文化对其他文化现象产生的影响。中华民族历史悠久,在历史发展的长河中,中国周边的日本、朝鲜、韩国等国曾经受到中国传统文化深深的影响,这一影响渗透进了这些国家的政治、经济、社会等各个层面。受中国传统文化的影响,东亚各国可以说形成了一个儒家文化圈。表现在传统体育方面,韩国的跆拳道、日本的柔道等无不受到中国传统武术的影响,这就是中华民族传统体育具有强大的辐射力的具体表现。

第三节　民族传统体育与其他
文化现象的关系

民族传统体育有着丰富的文化内涵与价值,与其他文化现象之间有着明显的区别,本节重点分析民族传统体育与其他文化现象之间的关系,以帮助人们更加深刻地认识与了解民族传统体育。民族传统体育与传统节日文化、宗教信仰、地域风俗、健身文化等都有着极为密切的联系,受篇幅所限,下面主要研究民族传统体育与传统节日文化之间的关系。

一、民族传统体育与传统节日文化

(一)民族传统体育与传统节日文化的相互关系

民族传统体育的发展不是孤立的,在其发展的过程中与其他事物也发生着密切的联系,比如民族传统节日与民族传统体育之间就在各个历史时期不断融合与发展,从而实现了各民族传统体育文化的繁荣与发展。民族传统体育与传统节日文化之间的关系主要体现在以下方面。

1. 民族传统节日为民族传统体育提供了广阔的发展平台

在我国社会经济水平日益提高的背景下,人们有了更多的金钱和余暇时间参与自己喜欢的活动,其中体育这种易于被大众接受的形式受到青睐,在平时时时处处可见人们参与体育锻炼的身影。在物质生活水平不断提高的背景下,人们的消费观念也在日益更新,为了消除现代科技给人们带来的"现代文明病",人们迫切需求一种运动量不大、能愉悦身心的运动方式,而民族传统节日中的很多活动都有这样的功效,这些节日文化内涵非常丰富,受到人们的青睐,这极大地促进了民族传统体育内容的丰富和完善。

我国少数民族众多,各个民族都有自身特色的传统节日,在节日举办期间,人们会参加各种各样的民族体育活动,在这样的情况下,各族人民的文化生活更加丰富多彩,民族地区的经济水平及人们的生活水平都得到了极大的改善。可以说,民族传统体育全方位满足了民族传统节日对传统体育的内在需要。由此可见,颇具民族特色的传统节日为民族传统体育的发展提供了广阔的平台,在这一平台之上,民族传统体育得以不断向前发展。

2. 民族传统体育极大地丰富了民族传统节日内容

我国是一个多民族国家,每一个民族都有着悠久的历史,经过各个时期的发展,逐步形成了特色的民族体育文化,这极大地丰富了我国的民族文化体系。这些丰富多彩的民族传统体育内容在各少数民族的传统节日中扮演着十分重要的角色,深受各族人民的欢迎和喜爱。

(二)民族传统体育与传统节日文化的互动发展

1. 以科学理论为指导,以实现人的可持续发展为目的

我国少数民族都有着悠久的历史,在其发展过程中创造出了独具特色的民族传统体育文化,这些民族传统体育项目与传统节日之间有着极为密切的关系,深入研究它们之间的关系,促进二者关系的完善对于我国民族传统体育的进一步发展,以及各个民族社会的稳定与和谐都具有重要的意义。在当今社会经济体制下,我们要始终坚持科学理论的指导,对民族传统体育与传统节日的融合进行很好的把握,树立科学发展观,促进二者更好地互动与发展。

民族传统体育与传统节日的互动发展要以实现人的可持续发展而目标,在其发展的过程中,能有效地促进民族团结,实现民族文化大繁荣。在传统节日期间,各民族人民尽情地投入丰富多彩的民族传统体育活动之中,促进了身心的发展,增强了各民族人民彼此之间的关系。在这样的情况下,各族人民的人文素质也会相应地得到发展和提高。因此,在今后发展的过程中一定要加强民族传统体育与传统节日的良好互动,实现共同发展。

2. 构建完善的民族传统体育产业组织结构

民族传统节日与民族传统体育的发展不是盲目的,政府在其中扮演

着十分重要的角色,其发展离不开政府的政策保障,因此,我国政府部门要根据具体的实际情况制定一些有利于各族人民传统体育发展的优惠政策,加大体育经费投入力度,为民族传统节日的举办提供良好的支持。除此之外,各地政府部门还要大力支持民族体育事业的发展,为其发展创造一个优良的环境。同时还要做好各方面的宣传,吸引大量的人民群众以饱满的热情投入民族传统体育活动之中。除此之外,相关部门还要定期地检查活动举办场地的安全性,为民族活动的举办提供良好的安全保障。

除此之外,为保证民族传统体育活动的顺利开展,政府相关部门还要构建一个科学的管理体制,进一步推动民族传统体育的发展。实际上,民族传统节日活动中开展哪些体育活动要根据具体的实际进行,不能盲目选择,政府部门要做好充分的调查与准备,同时还可以结合具体的实际改造与创新一些民族传统体育项目,以使其更加符合现代社会人们的行为习惯,凸显民族传统体育的当代社会价值与功能,从而获得持续性的发展。

为促进民族传统体育与节日文化的融合发展,需要举办大量的民族传统体育表演和竞赛活动,通过这些活动的举办,能吸引各地区人们的目光,提高本地区民族传统体育的影响力。

另外,还要构建一个健全和完善的民族传统体育管理机构并加强其管理,还要大力发展民族传统体育产业经济,实现民族传统体育产业资源的合理配置,创造尽可能多的市场价值,这不仅能促进民族经济的繁荣与发展,还能推动各民族地区传统体育的快速发展。

3. 培养民族传统体育管理专业人才

民族传统体育的发展离不开人才的推动,因此加强民族传统体育人才的培养是非常重要的。目前,我国绝大多数地区的民族传统体育都十分缺乏体育管理方面的人才。在今后民族传统体育发展的过程中,我们应充分挖掘与彰显民族传统体育的文化特色,就需要在今后不断开发一些具有较强的对抗性、惊险性和观赏性的民族传统体育运动,这能从感官上吸引人们积极参与,从而提升民族传统体育的影响力。为促进民族传统体育人才的培养,可以从少数民族中选拔优秀的人才,然后对其进行必要的培训,提高其技能水平、组织管理水平,如此才能更好地推动民族传统体育的发展。

我国是一个多民族国家,各个国家在其发展的过程中,民族传统体育运动与节日活动之间的联系越来越密切,加强二者之间的互动发展是大势所趋,这对于我国各少数民族传统体育的发展及社会的和谐都具有深远的影响和意义。

二、民族传统体育与全民健身文化

伴随着时代的不断发展,全民健身的理念日益深入人心。全民健身运动开展得轰轰烈烈,这就为我国民族传统体育的发展创造了良好的契机。在当今社会背景下,民族传统体育与全民健身之间有着密切的联系,其联系如下所述。

(一)民族传统体育与全民健身文化的相互关系

1. 全民健身对民族传统体育的推动作用

(1)培育新型体育运动项目

民族传统体育的发展不是盲目的,需要遵循一定的规律,同时还要在发展的过程中不断推陈出新,才能适应新社会,受到人们的欢迎和喜爱。在今后我们还采取各种手段与措施不断丰富民族传统体育的文化内涵,彰显各地区民族特色的体育文化。在"健康中国"建设的今天,在全民健身运动不断发展的今天,要不断革新民族传统体育,培育出适合大众健身的新型的体育运动项目,这无论是对于民族传统体育的发展还是我国社会的和谐都具有重要的意义。因此,培育新型的体育运动项目就成为今后一个重要的研究课题。

(2)引进更多的民族传统体育项目

在当前我国学校体育教育中,主要以西方竞技体育项目为主,民族传统体育课程相对而言较少,参与民族传统体育活动的学生也不是很多,仅占据很小的比例,这非常不利于我国民族传统体育文化的传播与发展。不过在全民健身运动广泛开展的背景,越来越多的青少年学生开始关注民族传统体育运动并参与其中,民族传统体育课程内容也越来越丰富,这是一个好的发展方向。

（3）促进学术研究

发展到现在，我国民族传统体育的研究取得了一些成果，这与近些年来我国比较重视这方面的发展与研究是分不开的。在全民健身发展的今天，大量的体育活动被人们选择和参与，人们在参加体育锻炼的过程中，逐渐认识到民族传统体育的健身功能与价值，从中得到了益处。为推进我国民族传统体育的发展，民族传统体育学者及相关人员还要在今后加强其学科的研究，构建一个民族传统体育科学发展的理论与实践体系，这对于我国民族传统体育的发展能提供良好的理论保障。

2. 民族传统体育在全民健身中的重要作用

（1）适应不同地域特点的需求

我国各个民族的体育文化都非常丰富多彩，历经多个时期的发展，已建立和形成了相对完善的文化体系，各个民族的传统体育项目不仅受到当地人们的欢迎，通过民族间的交流与融合，各民族的体育文化不断发生碰撞，在其他地区也得到了很好的传播与发展，深受其他地区人们的欢迎和喜爱，这就为全民健身背景下，人们参加体育活动锻炼提供了多种选择。但需要注意的是，受各种客观因素的影响，各民族的传统体育活动都有自身固定发展的模式，要根据自身实际制定发展的战略，以促进其可持续发展。

①东北地区的民族传统体育

东北地区的地理位置比较特殊，气候寒冷，有众多的天然的冰雪资源，因此冰雪运动在本地深受欢迎，可以举办大量的滑冰、滑雪等项目。

②西北地区的民族传统体育

西北地区属于草原地区，在这一区域内的少数民族，长期的游牧生活使他们养成了骑马、射箭的习惯，骑马和射箭也成为西北地区特色的民族传统体育活动，深受人们的欢迎和喜爱。

③西南地区的民族传统体育

西南地区高山横亘，森林资源丰富，这就为攀登、狩猎及相关健身活动的开展提供了良好的条件，这一地区的人们狩猎技术一般都非常高超，练就了一副本领。

④中东南地区的民族传统体育

中东南地区的江河众多，有着丰富的水资源，相关的水上运动项目众多并深受这一地区人们的欢迎。

对于中东南地区的平原地区的人们而言,受地理位置的影响,这一地区的传统体育健身项目非常之多,能极大地满足人们的健身需求,这大大丰富了人们的生活,满足了人们的需求。

（2）适应不同风俗习惯的需求

大量的研究与事实表明,不同民族的人民参加体育活动主要受本民族风俗习惯的影响。这一影响可谓极为深远。

我国各少数民族都有自己特色的体育文化,在当今社会背景下,在全民健身的形势下,我们可以加强这些民族传统体育项目的宣传与推广,打造出独居民族风格的传统体育品牌,让这些民族体育文化散播到世界各地,提升民族体育文化的影响力。

（3）适应不同经济条件的需求

民族传统体育的发展离不开一定的经济基础,缺少了必要的经济基础,民族传统体育的发展就难以得到保证。另外,人们参加民族传统体育锻炼也同样需要一定的经济基础,如需要一定的资金购买器材、参加俱乐部活动等。由此可见经济条件对民族传统体育的影响。

我国历来就存在区域经济发展不平衡的现象。一般情况下,经济发达的地区,民族传统体育开展得相对较好,而经济落后地区民族传统体育的发展则相对落后,为解决这一问题,国家政府部门制定了相关的方针和策略。

第一,在经济发展水平较高的地区,重点开展层次高、规格高的传统体育活动,建立良好的民族传统体育品牌,推动民族传统体育的不断发展。

第二,在经济落后地区,当地政府部门要引起重视,加大经费投入,重点开展那些对经济投入要求较少,便于开展的民族传统体育活动,通过这些活动的开展提升人民体质,丰富人民群众的精神文化生活。

（4）适应不同年龄层次的需求

全民健身运动中的全民包括各个年龄层次的人民群众,不同年龄群体都能找到适合自己的民族传统体育项目,通过参加这些民族传统体育活动,人们的身心能获得健康的发展。

①儿童

适合儿童参与的民族传统体育活动主要有两大类,一类是简单常见的、娱乐性和游戏性突出的个体活动;另一类是规则简单、技术难度较低的集体性体育活动。

②青少年

适合青少年参加的民族传统体育活动有很多,其中那些对抗性较强的运动项目受到青少年的欢迎,如散手、摔跤等,这些项目能很好地锻炼青少年的意志品质,促进其团队意识与能力的提高。

③中年

中年人参加的体育项目一般运动量适中,运动强度不大,没有严格的规则限制,以休闲与娱乐为主。

④老年

适合老年人参加的运动项目一般为静态性项目,与中年人的体育项目大体相同,如太极拳、太极拳、门球等都非常适合。

(二)民族传统体育与全民健身的互动发展

1.民族传统体育与全民健身相互补充,共同发展

近些年来,我国全民健身运动的开展为民族传统体育的发展创造了良好的契机。在全民健身背景下开展民族传统体育,更能体现出民族传统体育自我发展的优势,能进一步发挥民族传统体育的健身功能、娱乐功能、凝聚功能等,这些与竞技体育相比有着明显的优势,正因如此,民族传统体育才成为重要的大众健身内容,深受人们的欢迎。

民族传统体育具有广泛的适应性特点,正因如此才吸引了不同群体的参与,为全民健身活动的开展创造了浓厚的群众基础。民族传统体育内容丰富,项目类型多样,极大地丰富了全民健身活动内容,丰富了全民健身内容体系,对于我国全民健身活动的开展具有重要的意义。

我国有着悠久的历史,是一个多民族国家,有着异常丰富的民族传统体育项目,这些体育项目能够适应我国不同地域、风俗习惯、年龄、职业及经济条件的群体的需求,因此深受广大人民群众的欢迎和喜爱。

2.在全民健身中开展民族传统体育运动的优势

受场地、器材、经费等方面因素的影响,我国民族传统体育的发展受到一定程度的限制,今后加大民族传统体育经费的投入力度是我国各地政府部门需要解决的一件事情。这些民族传统体育的投入会给当地政府带来了较大的经济负担,为解决这一问题,可以在当地开展一些投资

少,对场地器材等硬件条件要求较低的活动。而很多的民族传统体育在这方面具有一定的优势,很多的运动项目受到有健身需求但基础条件差的人民的青睐,成为人们健身娱乐的重要手段。

第四节　多维视角下的民族传统体育文化

一、社会学视角下的民族传统体育

(一)民族传统体育与组织社会生活

在现代社会关系中,最具代表性的社会组织可以说是群体形式,以社会学理论为视角研究民族传统体育是一个非常重要的途径和手段。民族传统体育的社会学研究主要包括组织结构、组织运行、社会责任等多个方面的内容。我国各个民族的民族传统体育都有其独特性,且这些项目有着深厚的群众基础,经过各个时期的发展,逐渐形成了一个良好的组织。运用社会学理论阐释这些社会组织对于民族传统体育内涵的研究具有十分重要的意义。

(二)民族传统体育与社会制度

大量的研究表明,民族传统体育与政治、经济、宗教、教育等各方面有着极为密切的联系,研究这几个方面之间的关系就成为其中非常重要的研究内容。

(1)民族传统体育与政治。在任何时期,政治因素都会在一定程度上影响民族传统体育的发展,这是已被大量的实践证明了的事实。如我国明清实行的禁武政策、习近平的体育强国思想等都对民族传统体育的发展产生了极为重要的影响。

(2)民族传统体育与经济。民族传统体育与经济之间的关系能够从"穷文富武"之说中形象地反映出来。在当今市场经济背景下,民族传统体育与经济的关系主要体现在民族传统体育产业市场的形成与发展方面。

（3）民族传统体育与宗教。民族传统体育与宗教也有着密切的关系，如少林武术与佛教的渊源关系等。研究二者的关系有利于民族传统体育更好的发展和进步。

（4）民族传统体育与教育。教育也是推动民族传统体育传承与发展的重要因素。学校是传承的主要阵地，学校教育是民族传统体育传承的重要方式，民族传统体育是学校教育的重要内容，在任何时期都不能缺少。

（三）民族传统体育与社会变迁

人类社会是始终处于不断地发展和变化之中的，从动态视角对社会变迁与民族传统体育之间的关系进行探讨有助于我们更加深刻地认识与了解民族传统体育。民族传统体育与社会变迁的关系主要体现在以下两个方面。

（1）民族传统体育的现代化。伴随着时代的发展，社会价值观和社会生活方式都在向现代化趋势转变，民族传统体育过去与人们的生活密切相关，世代相承，而在当今时代背景下却很难再继续传承下去。这就需要加大这一方面的研究力度，促进民族传统体育与当今社会获得同步发展。

（2）民族传统体育的全球化。伴随着全球一体化发展的步伐，传统上各民族国家之间的国界和文化壁垒因此而被打破，在这样的背景下，我国民族传统体育受到西方体育文化的强烈冲击，如何面对西方竞技体育的冲击，实现民族传统体育的进一步发展是今后需要重点解决的一个问题。

二、民族学视角下的民族传统体育

（一）民族传统体育民族学研究的理论与探索

伴随着时代的不断发展，关于民族传统体育理论的研究也日益深入，其中关于民族传统体育概念与内涵的研究是最多的，也取得了一些不错的研究成果。但关于民族传统体育的理论研究仍然存在不少问题，研究得不够系统和深入。而以民族学理论为视角研究民族传统体育,能很好地解释民族传统体育的基本概念、学科性质、研究对象等内容,是一个重要的研究途径。

民族学理论起源于西方,但经过多年的发展,民族学在我国呈现出了鲜明的本土化特色。我国的"民族"一词已经不是西方民族学所表达的含义。因此,研究我国的民族传统体育应从中国社会实际出发,对民族传统体育、少数民族传统体育、民俗体育等概念进行深入的研究与探讨。另外,运用民族学理论研究民族传统体育的任务、功能等问题。如把民族传统体育发展、少数民族传统体育大会提升至民族关系、民族国家建设的高度去认识,这对于我国民族传统体育的发展都是非常有利的。

(二)民族传统体育的起源与发展研究

历经各个时期的发展,我国各少数民族都拥有了丰富多彩的体育文化,这些民族传统体育项目各具特色,成为本民族文化发展的重要根基。因此,研究民族传统体育的起源与发展问题,对于民族传统体育在现代社会的可持续发展具有非常重要的意义。

关于民族传统体育起源的研究,我们应从民族传统体育与生产劳动、生活节律、宗教信仰和经济活动等方面进行。历经各个时期的发展,我国不同民族呈现出"大杂居,小聚居"的特点,这也就使得民族传统体育的起源呈现多源、多流、多渠道的特点,这给民族传统体育起源的研究带来了一定的难度。

运用民族学理论能为民族传统体育起源的研究提供良好的视角与思路。但需要注意的是,在当今全球化发展背景下,民族传统体育的发展受到外来文化的强力冲击,研究其如何传承和发展,如何提高自身的竞争力就成为当务之急。但是,以民族学视角研究民族传统体育的起源与发展问题仍旧值得信赖,今后还要加强这方面的研究,争取取得丰硕的研究成果。

(三)民族传统体育的文化价值研究

民族传统体育可以说是一个民族文化的重要载体,在一定程度上体现着一个民族的生活方式和思维习惯。伴随着时代的不断发展,民族传统体育的研究也日益受到重视。当前我国民族传统体育的研究体系越来越丰富,研究内容也越来越多样化,其中民族传统体育文化价值的研究是非常重要的一个方面。运用民族学理论,加强这方面的研究,是今后重点关注的一个方面。关于民族传统体育文化价值的研究,总体而言,我们可以归纳为以下几个方面,在今后的研究中,运用民族学理论加强其研究至关重要。

第一,民族传统体育对于社会发展的价值与意义。

第二,民族传统体育作为优秀的国家名片如何进一步发展。

第三,民族传统体育如何彰显民族自信和精神。

第四,民族传统体育对于全民健身的推动作用。

第二章 全球一体化背景及民族传统体育的发展态势

全球一体化的浪潮正在席卷着世界各个角落,大量民族传统体育文化在越来越多地借鉴外来经验的同时正悄然流失,我国传统体育的发展又将何去何从?本章将从全球一体化的发展背景出发,探讨我国民族传统体育面临的机遇与挑战,梳理我国民族传统体育的起源与发展脉络,为全球一体化背景下我国民族传统体育的良性发展提供启发。

第一节 全球一体化发展背景阐述

一、全球一体化概述

(一)全球一体化的内涵

社会信息化缩小了世界的时间和空间范围,使地球世界变成了"地球村"。

全球一体化,一般是指世界经济的全球一体化。在经济全球化的背景下,各国经济相互渗透、相互作用、相互竞争、相互依存,资本输出与输入带动着各种生产要素和产品在国际间流动,使各国的生产、流通和消费领域相互沟通,进而推动了"你中有我,全球一体化我中有你"的全球经济一体化。各国政府间签订一系列的协议将各国之间形成的经济融合关系从法律上确定下来,并建立了具有法律约束力、行政管理能力的国际间组织来规范各国的行为。因此,可以把全球经济一体化看作是经济全球化在制度和组织形式上的表现。目前已经出现 WTO(世界贸易组织)等全球性组织,但其影响力水平、一体化水平有待进一步提高。经济全球化促进了汹涌澎湃的商品流、资金流、资源流、技术流、信息流、人流、物流的全球流量。全球经济信息流量不断冲击着各国社会政治、文化、科技、军事、旅游业、服务业的发展,使世界各行业在发展中融合,在融合中模糊、弱化、超越国界。在新的历史发展时期,全球一体化已不再局限于经济领域,在人类的政治、文化等诸多领域已开始出现全球一体化的现象。

政治是一个相对严肃而又敏感的话题,政治全球化受到经济全球化的驱动。政治全球化是与经济全球一体化相适应的,所以他的全称应该叫做政治全球一体化。政治全球化主要表现在两个方面:一是各国政府之间的关联性加强,交往的范围逐渐扩大和深入,国内政治与国际政治接轨,有时国内政治需要受国际政治的操控。二是在政治走向全球化过程中形成了与之对应的政治多极化。许多国际间组织的成立都可以体现出政治全球一体化的趋势。如欧盟由开始的仅在经济领域合作走向政治全球一体化,联合国针对全球问题为各国提供资源和解决方案,在国际间协调各国利益,以维持国际间的公正和平。在政治全球化背景下国家的内政外交手段也发生了相应的变化,国家内部权力有所弱化,国家处理国际间事务多采取合作、协调的方式。

大多数著作(大多为经济学、管理学方面著作)仅仅对全球一体化进行了简单的描述,但缺少深入的理论分析。美国一著名学者曾在《文明的冲突与世界秩序的重建》一书中提出了一个非常有价值的论断:西方文明不会在将来独霸天下,未来的世界将是不同文明的共存。但是,在书中他没有将文明的发展同经济发展、科技进步结合,忽视了不同文明的发展历程和人类文明多元性与趋同性并存的趋势。在我国学者吴科达编著的《全球一体化中的审视》一书中将全球一体化的实质概括为三个方面:以科学技术为基础的现代化生产方式的全球化;市场作为一种经济发展的运作模式覆盖全球;民主制度日益全球化。这三方面的内容相辅相成,共同推进全球一体化的进程。

(二)我国积极参与全球一体化

20世纪70年代中国还是一个相对封闭的国家,但改革开放政策使中国与其他国家的关系得以改善并开启了现代化建设的道路。

全球一体化的步伐在 20 世纪 80 年代中期逐渐加快,贸易、投资方面国际联系的广度和深度逐渐加深。全球一体化为我国经济的发展带来了机遇,1978 年中国经济向世界开放,为世界经济的增长做出了巨大贡献。贸易、外国直接投资在我国 GDP 增长中的比率不断攀升,其增长速度位列全球前十。外汇储备大幅增长,1978 年,我国外汇储备仅 1.67 亿美元,位居世界第 38 位。2017 年末外汇储备余额达31399 亿美元,稳居世界第一位。我国成为世界贸易增长的主要动力,中国加入了多边贸易体系,在发展自身经济的同时,给各国贸易伙伴带来了巨大的经济福利收益。除此之外,我国积极参与国际区域经济合作,认真实施"走出去"开放战略,参与经济全球化的竞争。中国国际经济合作的内容十分丰富,方式多种多样,如开展国际投资合作、国际技术合作、国际服务合作、国际工程建筑合作等。2002 年,中国北方工业公司凭借良好声誉与经验,击败德国西门子、韩国大林等多家大型承包商,和德黑兰城郊铁路公司签订了德黑兰地铁 4 号线项目承包合同。2007 年,我国与东盟十国签署的《服务贸易协议》正式生效。2009 年,科技部国际合作司与日本科技振兴机构在"与环境相关的健康问题"和"气候变化"领域开展合作。2010 年山东钢铁集团向非洲矿业有限公司投资 15 亿美元等等。中国在国际间开展经济合作的例子数不胜数,中国也曾利用国际多双边发展援助合作资金,为中国在教育、环境保护、艾滋病防治、紧急救灾援助等多方面做出卓越贡献。

在文化领域方面,我国积极参与国际事务深化对外合作交流。迄今为止,我国已有 10 份文献遗产(包括《南京大屠杀档案》《元代西藏官方档案》等)入选联合国教科文组织《世界记忆名录》,成绩斐然。我国积极参与联合国教科文组织的"加强信息全球化与可持续发展平台"项目并积极为国际组织输送管理人才,维护国家合法利益、提高软实力。

当今世界局势错综复杂,2020 年新年初始,新冠疫情肆虐,单边保护主义盛行,中国却一直是世界发展的"推进剂"。无论是劳动力输出、制造业发展、科技创新,中国都走在世界前沿,同时还从经济、科技、基建和医疗等各方面援助落后国家,为世界经济大厦"添砖加瓦"。中国作为大国榜样在全球一体化背景下一直引领世界的发展。

二、全球一体化发展对我国民族传统体育的影响

全球一体化是一把双刃剑,我国民族传统体育作为全球体育的一部分深受全球化的影响。在全球一体化背景下,我国民族传统体育的发展对我国体育界来说既是一种挑战,又是难得的机遇。

(一)民族传统体育发展的挑战

全球一体化极大冲击了我国的民族体育文化,西方体育逐渐成为世界体坛的主宰,体育的形式、内容、价值观念处处以西方体育为标准。由此可见,全球化引发的体育全球化在某种程度上就是体育的西化。尽管第三世界国家开始参与到国际体育中来,各种体育运动赛事也会在第三世界国家举办,但是大多数情况下,包括中国在内的第三世界国家的民族体育扮演着映衬西方体育是如何先进的可怜角色。同时,"体育运动代表了民主资本主义自我标榜的统治意识形态"形成了"一种宰制性的权力,一种全球化的话语霸权"。①

西方化的体育全球化不仅会打破西方体育与民族体育平衡还会加速民族体育的自然消减。目前在300多项奥运会竞赛项目中绝大部分都是西方人的传统项目。从夏季奥运会来看,夏季奥运会大项(括号中为分项)包括田径、游泳(含花样游泳、跳水、水球)、体操(含艺术体操、蹦床)、射箭、排球(含沙滩排球)、曲棍球、棒球、垒球、柔道、摔跤、跆拳道、赛艇、自行车等。除了棒垒球,其余项目几乎全是欧洲的强项。由此看来,体育全球化很有可能导致世界体育同质化,人们的体育价值观也会随之受到影响。西方现代体育提倡竞争,以超越对手、跨越自然障碍为目的,多是一些对抗性质的活动。而以我国为代表的东方民族则更多强调体育的娱乐性、审美性,注重体育对人身心健康带来的益处。中国传统文化中的伦理道德更是体现了中华民族所提倡的人与自然、人与社会和谐共处的理念,形成了独特的体育价值观。然而,这些价值观受到西方价值观的冲击,在我国备受轻视,造成了一定程度上的文化断层。那种"中华民族将成为未来全球文化的主导力量"的盲目自信会成为我国参与体

---

① 李荣芝.体育全球化与中国民族传统体育传承研究[J].体育文化导刊,2007(4):84.

育全球化进程的障碍,重复中国足球已经走向世界的虚假的自我幻想。

因此,我们必须清楚地意识到西方体育与中华民族传统体育的巨大落差。我国民族传统体育如何在积极参与体育全球化的进程中仍保持自身的传统特色,吸引更多的外国友人领略我国民族传统体育的魅力,将成为一项重大的挑战。

(二)民族传统体育发展的机遇

在全球一体化背景下,西方文化成为人类社会的主流文化,经济的全球化更是带动了西方文化的全球化,使全球范围内的文化形式过于单一。但是随着社会的发展,以功利主义为发展动力的西方文化的许多弊端逐渐显现出来,西方文化的发展陷入困境。纵观世界的发展史,审视各国文化的现实,只有中国文化可以站出来为保留世界文化的多样性做出尝试和努力。众多学者相较于西方文化、印度文化,更加欣赏和看好中国文化,英国学者罗素先生在《中国的问题》一书中曾说:"中国已经发现了一种生活方式,并且已经实践了不少世纪,如果他能够被全世界采用,它将会造福于全世界。"梁漱溟先生也曾说过:"世界未来文化就是中国文化的复兴。"

2008年中国成功举办了北京奥运会,中国人将"人文奥运"的主题唱响世界,极大推进了中西方文化的交流,也打开了外国友人了解我国民族传统体育的窗口,中国民族传统体育文化中富含的人文理念提升了我们全球化的理念水平。在世界文化取向将向多元化发展的大时代中,我国民族传统体育文化的发展有着无限的机遇。

第二节　我国民族传统体育的起源与发展历程

原始体育活动起源于原始生产劳动、原始宗教祭祀、原始教育等。伴随着人类社会的发展,我国民族传统体育应运而生。在我国古代史、近代史、现代史的发展历程中,民族传统体育受到社会发展的制约,在历史的推进下一步步走向成熟。我国民族传统体育有着悠久的历史,了解这段历史有助于加深我们对我国民族传统体育的认识。

一、我国民族传统体育的起源

(一)原始生产劳动

原始体育活动的产生离不开生产劳动的促进。恩格斯认为:"劳动创造了人。"在人类逐步进化的过程中,劳动起着决定性的作用。原始人类的生活条件十分恶劣,狩猎和采集是原始先民的主要生产劳动方式,在与自然的抗争中、与野兽的搏斗中,人们慢慢地学会了捕猎和制作工具。

考古学家在距今有十万年历史的许家窑文化遗址中发现了一千余枚石球,据考证这些石球被原始许家窑人使用并作为投掷工具。在距今四万多年前的西安半坡人文化遗址中也发现了几个石球。可见,石球已慢慢从一种狩猎、防卫的工具转变成一种较为普遍的游戏工具。考古工作者在山西峙峪人文化遗址中发现了距今两万八千年的石头磨制而成的箭头,并且被绑在木杆上,这便是我国早期用于狩猎的弓箭(图 2-1),可见射箭在距今两万八千多年前就已经出现了。弓箭作为一种狩猎工具极大地提高了人们的狩猎效率。随着人们学会了养殖和种植庄稼,狩猎不再作为维持生存的唯一食物来源,射箭活动从单一的技术活动转向带有休闲娱乐性质的体育活动。

图 2-1 山西峙峪出土的石镞

原始社会时期,我们的祖先常要攀藤上树以便获取食物,在劳动中创造了"荡秋千"这一活动。早期的身体运动大多不直接以锻炼身体为目的,是原始体育的萌芽。

(二)原始宗教祭祀

在原始社会,人们对自然现象存在深深的恐惧,由此产生了如图腾崇拜、自然崇拜等原始宗教,宗教作为文化的一个重要组成部分,与文化等其他方面息息相关。尤其是在人类社会的早、中期,宗教作为人类文化的不可或缺的一部分,在每个民族的诸多方面(如政治、经济等)都产生了深远的影响。在众多原始宗教中,图腾崇拜、原始巫术等对我国民族传统体育的发展起到了不可忽视的作用。图腾崇拜是一种原始的崇拜形式,将某一特定的动物或植物视为氏族祖先或氏族象征,我国上古时期就有过鸟、蛇、鹰、龙等多种图腾。苗族人民曾居住在水乡泽国,不可抵御的自然外力让人们手足无措,于是人们寄希望于神灵,在各家舟的前头用龙图腾等图案大肆装饰,祈求得到神灵的庇佑,希望能够一生平平安安,来年风调雨顺。经过几千年的演化,最终诞生了民族传统节日——"龙舟节",其具有浓厚的民族团结、联系友谊的意义。

图腾崇拜为日后出现与之相关的祭祀仪式提供了精神基础。随着不同的原始宗教信仰在各民族出现,产生了不同形式的崇拜祭祀仪式。在祭祀仪式中,原始舞蹈作为一种常见的祭祀方式促进了处于萌芽状态的民族传统体育的发展。但由于各民族信奉神灵不同,舞蹈形式也太不一样。《云南志略·诸夷风俗篇》记载:"末些一五月十五是祭天极严浩,男子动数百,各执其手团旋舞以为乐。"尧舜时代以鹤为图腾的丹朱氏族,他们在祭礼中要踩着高跷模仿鹤跳舞。考古学家认为,甲古文中已有近似踩跷起舞形象的字,是民间盛行的一种群众性技艺表演。

正是在民族文化的潜移默化中,在进一步强化宗教情感的同时,显现出民族传统体育的花蕾。

(三)原始教育

原始教育最初指在生产劳动过程中进行简单的技能传授。原始社会教育(生产劳动的教育、体育和军事训练的教育)则主要涉及满足生活实践所需要的必要训练。体育训练跟生产劳动教育结合在一起(包括打磨石器、捕鱼围猎等)构成了体育的最初形式。

氏族公社时期出现了最早的文字,教育内容开始变得复杂。毛礼锐在《中国古代教育史》中提到关于氏族公社时期的教育:"氏族公社成员除在生产实践中受教育外,又在政治、宗教和艺术活动中受教育。他们参加选择领袖、讨论公共事务以及宗教等社会活动,利用游戏、竞技、唱歌、舞蹈、记事符号进行教育,利用神话与传说作为材料和手段"。[①] 由此我们可以进行大胆猜测,一些带有地域性特征的体育内容已经在原始教育中出现,不同民族的原始教育中均涵盖着独特的传统体育内容。

二、我国民族传统体育的发展

我国民族传统体育在原始劳动生产、原始宗教祭祀、原始教育的萌发中慢慢显现,随着阶级社会取代原始社会,随着不同朝代的更迭、不同阶级的统治与衰亡,民族传统体育在我国历史的长河中不断发展,日趋成熟。中国历史主要分为三个阶段:中国古代史、中国近代史和中国现代史,下面我们就以历史时期的划分为依据,简单介绍下我国民族传统体育的发展。

(一)古代民族传统体育的发展

中国古代史主要包括原始社会、奴隶社会、封建社会三个阶段,涉及从三皇五帝一直到隋唐再到明清(约公元前 170 万年—1912 年)近 5000 多年的历史。

经过夏朝到春秋战国长达两千余年历史的发展,汉族逐渐成为融合了许多古代民族和部落集团的大民族并一跃成为我国的统治阶级,汉族传统体育发展迅速。在这一历史时期,战争频发,弓箭、骑射这两项基本技能的掌握程度在很大程度上决定战争的胜负。出于军事方面的目的,统治者加大公民对弓箭技能技巧的训练,弓箭、骑射两项活动因为受到重视而广泛开展。

西周的学校教育建立了"六艺"教学体系(礼、乐、射、御、书、数),体育进入到学校教育中,成为了教育内容的一部分。"六艺"中有二艺

---

① 徐泽.民族传统体育发展与实践研究[M].北京:人民日报出版社,2016.

("射"和"御")即射箭和驾驭马车属于体育的范畴。

春秋战国时期,武术等一系列格斗技能快速发展以取得各诸侯国在战斗中的优势。在思想层面,各种新思想层出不穷,一度出现"百家争鸣"的思想大繁荣局面,为文化的多元化发展、古代民族传统体育的开放发展奠定了基础。与此同时,一些包括举重、龙舟竞赛等在内的娱乐性体育活动在统治阶级和民间广泛开展,深受欢迎。

到了秦朝,秦统一了六国,实现了国家的统一,使多个国家和民族的文化开始融合。汉朝各民族文化融合的趋势更加明显,例如角力(现在俗称摔跤)这一运动在当时并没有统一的规则,每个地方有每个地方的形式与传统。各有特点的体育运动项目在不同民族之间进行交流传播,交流便促进了发展,促进了统一。

到了汉武帝时期,汉武帝为了加强自己的中央集权,贯彻实施"罢黜百家,独尊儒术"的政策,"雅""俗"两项运动开始盛行。

东晋十六国以来,北方少数民族骑兵开始大规模进入中原,阵战方式开始逐渐采用以骑兵为主、步骑联合的形式。这一阵战方式的使用使得长短兵器的熟练使用成为必然。两晋、南北朝因为少数民族的入侵成为最能体现我国古代民族融合的时期,民族传统体育项目的数量大幅增加。

隋唐时期可谓是我国民族传统体育的大发展时期,在这一历史时期,我国国力强盛,文化发展繁荣。民族传统体育在这一时期的发展具有开创性的意义,不仅速度快,而且范围广、涉及项目多。"武举制"的提出使得武术成为选拔人才的一种方式,武术受到了统治阶级的广泛青睐迎来了大发展。练武之风在全国盛行,人们对人才的看法和观念也发生了相应的转变。除了武术,拔河、荡秋千等以娱乐为主的传统体育项目在民间盛行,这一现象在杜甫的诗句:"万里秋千习俗同"中有所体现。更值得一提的是,在大唐鼎盛时期,许多周边小国到大唐朝拜,中国的一些传统体育活动也得以传到其他国家,如蹴鞠、投壶等活动就从大唐传到了日本。

北宋时期,南方统一而北方由女真族、契丹族等少数民族统治。女真族、契丹族号称是"马背上的民族",骑射技能了得。少数民族传统体育与汉族传统体育不同,两者相互融合,共同发展。有些少数民族或少数民族国家还重新设立了专门的节日进行一些独具特色的比赛或表演(表2-1)。

表 2-1 不同少数民族或少数民族国家开创的节日

国家/民族	节日	主要项目
辽国	射兔节	射兔等投射比赛
满族	—	冰嬉（冰上运动）表演
蒙古族	那达慕大会	骑马、射箭、摔跤比赛

两宋期间出现了"瓦舍"等专门的娱乐场所，可在"瓦舍"中表演杂技、踢球等。另外，还出现了一些体育行会，例如蹴鞠"齐云社"、相扑"角力社"等，各行会组织的出现使运动项目更加规范。

元朝期间民族传统体育的发展暂缓，民间习武受到限制。习武人数锐减，大量武术活动也转为地下，但朝廷的抵制并没有使武术失传。

明清时期大量少数民族与汉族打破了地域限制，许多古代民族传统体育运动项目走向成熟。明太祖朱元璋十分看重武将，选拔人才需要文武双全。武术发展迎来了又一次高潮。由"十八般兵器"之说（朱国桢在其《涌幢小品》卷十二中称为武艺十八事，即"弓、弩、枪、刀、矛、剑、盾、斧、钺、戟、鞭、锏、镐、殳、权、钯头、绵绳、白打"十八件兵器）可见武艺种类数量在明代已十分丰富。拳术得到空前发展，拳术种类很多，其中包括形意拳、八卦掌、花拳等，还有各种套路练习。更引人注目的是少林、武当、峨眉等武林派别在此时纷纷出现，在历史上赫赫有名。再次，明清时期的武术理论因为大量武术著作的出现而日臻完善。主要武术著述有程宗猷的《耕余剩技》、戚继光的《纪效新书》、吴殳的《手臂录》、俞大猷的《剑经》、王宗岳的《太极拳经》等等，武术专著的出现，使得武术的传承与发展向前跨了一大步。[①] 武术著述意义十分重大，一方面对武术进行系统的归纳总结，另一方面有效防止了武术的失传。明朝晚期我国古代民族传统体育已经发展到了相当成熟的阶段。

（二）近代民族传统体育的发展

随着帝国主义的枪炮打开我国闭关锁国的大门，西方体育开始介入，中国古代民族传统体育开始向中国近代民族传统体育转变。

---

① 杨建成. 民族传统体育发展研究［M］. 南京：河海大学出版社，2015.

　　1840 年第一次鸦片战争爆发,帝国主义的入侵使中国逐步沦为半殖民地半封建社会,中国社会在军事、政治、经济、文化方面发生巨变。西方体育就是在这样的历史背景之下进入中国,对旧中国实行思想、文化上的入侵与同化。西方体育最早用于新式学堂的教学与进行军队训练。没落的清王朝采取了多种方式学习西方体育,如在新开办的军事学堂中引入外国军操,请洋人执教等。中国人对西方体育持有不同的态度,以中国近代第一批的启蒙思想家为例,康有为认为要从"德智体"三方面发展教育,梁启超主张"教育救国,教育强国",认为体育有一定的教育作用。这些开放的思想为中国社会的发展奠定了思想基础。有些人则是激进的"反洋派",拒绝受到西方体育的侵害。西方文化的强势入侵冲击着我国民族传统体育的发展。西方体育活动主要在一些大城市的教会学校、基督教青年会中开展,而在中华大地的广大地区,一些民族传统体育项目更突出中国特色。武术作为一个典型代表成为无数爱国同胞反抗帝国主义侵略者的工具。近代农民武装起义频发,在三元里抗英、太平天国运动、义和团运动中,武术成为农民主力军的主要作战手段。比较出名的武术大师霍元甲创建了精武门,在与各国高手的比武大赛中有着不俗的成绩,振奋了民族精神。传统武术,特别是弓马长矛的传统武义也是晚清军队主要的训练内容。与此同时,在近代中国与武术相关的健身活动(如五禽戏、八段锦)、象棋围棋、摔跤、滑冰等项目也得到了相应的发展。

　　1931 年日本帝国主义全面侵华,抗日战争爆发,"体育救国"的呼声再次高涨。天津《体育周报》提出"学术固无国界,体育何分洋土? 体育如有教育意义,不分洋土,自当采而行之;其不善者,立应淘汰,亦无需顾洋土。"[①]并且指出西方体育与近代民族传统体育可以综合运用以增强中华人民的体魄,救中华民族于危亡之中。20 世纪 30 年代的"洋土体育"争论,确立了民族传统体育本位,在西方体育的强烈冲击下保护了我国民族传统体育,维护了我国民族传统体育的独立性。在接下来的对日全面抗战中,不管是国民政府军还是八路军均重视中西体育在军事训练中的合理运用。

---

①　杨建成．民族传统体育发展研究[M]．南京:河海大学出版社,2015.

（三）现代民族传统体育的发展

中华人民共和国成立后，朱德在 1949 年 10 月曾表示："要广泛地采用民间原有的许多体育形式。"周恩来在 1961 年曾提出："傣族人民的划龙船不仅是娱乐活动，而且也是体育活动，可以增强人民体质，练习保卫祖国的本领。"可见党和政府十分关注我国民族传统体育的发展，把发展民族传统体育作为实现各民族团结的重要内容。民族传统体育的发展可根据新中国成立后各个时期的具体特点划分为三个阶段，即挖掘整理阶段、停滞有待发展阶段和普及提高阶段。

1. 挖掘整理阶段

新中国成立初期，我国党和政府依据"取其民主精华，去其封建糟粕，发展民族文化，提高民族自信心"的原则调查了民族传统体育的现状，挽救了部分濒临消亡的民族传统体育项目。在挖掘整理工作中，我们总结出了几百个少数民族传统体育项目，并在全国范围内成立大量相关项目协会（如 1953 年成立的中国摔跤协会）。1953 年全国各民族均可报名参与的体育表演大会在天津举办，其规模巨大，反响热烈。几十个少数民族在大会上相互比拼，通过表演各自民族独具特色的传统体育，达到了各民族之间的交流，在少数民族传统体育的发展史上具有"里程碑"式的意义。

政府也十分重视民族传统体育人才的培养，各种体育院校大力发展我国的体育事业。20 世纪 50 年代早期，教育部在多所体育院校设立了武术系，经历了武术专业、民族传统体育专业等多个阶段的发展，并逐渐建立起完善的教育体系。同时，党和政府大力推进民族传统体育的推广工作，新中国对民族传统体育的重视程度是前所未有的。

2. 停滞有待发展阶段

从 20 世纪 60 年代起，中国政治、经济、文化发展均受到严重阻碍，民族传统体育的发展处于停滞状态。党十一届三中全会的召开宣告着中国重新把工作重心转移到经济建设上来，民族传统体育的发展和建设工作又获得了政府的支持。中国人民期盼民族传统体育再次焕发生机与活力，持续健康向前发展，但 20 多年的停滞与荒废，让民族传统体育工作的重启困难重重。1982 年的第二届少数民族传统体育大会不仅只有两个运动项目,其规则也缺乏规范性。民族传统体育的发展需要突破束缚,翻开崭新的一页。

3. 普及提高阶段

20世纪70年代末80年代初,随着国内国际局势趋于稳定,"和平与发展"成为时代的主题。有了稳定的社会环境,民族传统体育的发展进入了普及提高阶段。国家体委重视民族传统体育项目的改革,在民运会上组织了蹴鞠表演,并在第六届民运会上使蹴鞠这一项目成为正式的体育比赛项目。国家各高校和相关专家纷纷开启对民族传统体育的研究,撰写新的体育教材,为我国建立完善的体育学科理论体系打下了坚实的基础。国家相关部门也对部分带有封建迷信色彩的传统体育活动进行改革,使之成为受人喜爱的大众体育项目。如龙舟竞赛项目不仅摆脱了预示人民命运的传统封建神秘色彩,而且走出了国门,走向了世界。群众对健康生活的追求进一步加速了民族传统体育的普及速度,木兰拳、太极柔力球等受到中老年人的喜爱。

第三节　我国民族传统体育的发展现状

现今民族传统体育作为我国社会主义建设的一部分,对于弘扬和培养民族精神至关重要。我国民族传统体育在政策保障、资源开发等方面均取得了一定的成果,当然,我们现今的发展也存在着许多现实问题。只有准确分析我国民族传统体育的发展现状,深刻认识到我们的优势和劣势,才能更好地建设我国的民族传统体育事业。

一、民族传统体育发展取得的成果

(一)民族传统体育政策的具体实践和成就

民族体育政策在我国政府的执政理念和执政思想中非常重要,良好的方针政策在政治上为我国民族体育事业的兴旺发展奠定了坚实的基础。

1. 形成了较为完善的民族传统体育政策

我国是一个社会主义国家,是一个拥有 56 个民族的多民族国家。民族平等是我国民族关系的基石,是我国政府制定一切民族政策的基本原则。新中国成立之前,少数民族处处受到侵害和压迫,基本权利得不到保障,民族传统体育事业的发展更是无从谈起。新中国成立后,我国政府废除了一切与民族压迫有关的政策。为了促进各民族共同团结奋斗与共同繁荣发展,我国制定了一系列政策法令。1984 年中共中央强调"体育是全民族性的群众活动。"其中"全民族性"就包含了包括 55 个少数民族和汉族在内的中华民族的整体内涵。少数民族人民因为有了政策的保障,积极投入我国社会主义建设中来,民族平等逐渐得以实现。1992 年,中共"二大"提出了"尊重边疆各族人民自主权利"的主张。2006 年胡锦涛在云南地区考察时提出"和谐文化"的思想,这些主张思想等都对我国民族体育事业的发展具有指导意义,丰富了我国民族传统体育政策的内涵。《中华人民共和国宪法》第 119 条明确规定:"民族自治地方的自治机关自主管理本地教育、科学、文化卫生和体育事业。"从宪法基础上确定了少数民族开展民族传统体育事业的自主性。2014 年,国家民委、国家体育总局关于印发《关于加强少数民族传统体育工作的意见》的通知,2020 年 12 月,自治区人民政府办公厅印发《关于进一步加强少数民族传统体育工作的实施意见》(以下简称《实施意见》),一项项政策的出台、一部部文件的发布使我国形成了较为完善的民族传统体育政策。

2. 通过立法推动了少数民族地区体育事业的发展

在党和国家各项具体政策的指导下,中国各民族地区积极发展本地体育事业,努力建设各种体育场馆设施,积极开展少数民族传统体育活动,有效地促进民族地区体育事业的全面发展。2002 年,北京申奥成功,使得在北京举办第 29 届奥运会成为可能,中共中央、国务院发布了《关于进一步加强和改进新时期体育工作的意见》,在这一意见中提出"要抓住西部大开发的有利时机,扶持中西部地区、少数民族地区发展体育事业,发挥民族人才资源优势,努力促进区域体育的共同发展。"2006 年,中共十六届六中全会通过了《中共中央关于构建社会主义和谐社会若干重大问题的决定》(以下简称《决定》)。《决定》指出:"社会和谐是中国特色社会主义的本质属性,是国家富强、民族振兴、人民幸福的重要保证。"并提出:"要加大对革命老区、民族地区、边疆地区等地区的转移支付,加大对人口较少民族的支持。"以上政府文件、政策内容的制定与实施,推动了各民族地区经济社会和体育事业的发展。

3. 坚持从各民族实际出发,发挥各民族文化优势

我国各民族在社会意识、文化模式和价值观等各方面都会存在差异,这使得各民族传统体育事业的发展模式各有特点。各民族根据自己民族人民的习惯,从实际出发,同时兼顾特有的自然环境、传统体育资源优势,因势利导,提出各项符合当地实际的政策,推进传统体育事业的建设。如包括辽宁、吉林、黑龙江三省的我国东北部分地区,聚居着汉、满、朝鲜等多种民族,该区三面环山,平原中开,冻土广泛。由于东北独特的自然生态环境和该地区民众与众不同的生产和生活方式,形成了鲜明的东北地域体育文化,冰雪运动成为东北地区独具特色的运动项目之一。国家大力支持该地少数民族的冰雪运动,使冰雪运动成为当地群众体育的新时尚。

4. 积极开展少数民族体育的挖掘、整理工作

中国政府一直以来都十分重视民族传统体育的挖掘、整理工作。《中华人民共和国体育法》第十五条规定"国家鼓励、支持民族民间传统体育项目的挖掘、整理工作。"国家体育总局也在《2001—2010 年体育改革和发展纲要》中提出:"进一步发挥少数民族地区的优势,开发民族体育资源,把发展民族传统体育与增进民族团结联系起来。"

从 1985—1990 年,国家进行了大规模的挖掘、整理工作以保护各地乡野民间的少数民族体育文化遗产,共收集到少数民族体育 676 条目,汉民族体育 301 条目。逐步实现了中华民族传统体育文化体系的构建与整合,在世界范围内获得广泛关注。

5. 举办少数民族传统体育运动会,获得各国争相追捧

1981 年原国家体委、国家民委召开了全国少数民族传统体育工作座谈会,会上决定定期举办少数民族传统体育运动会和单项运动会,并形成制度化。第一届少数民族传统体育运动会在天津召开,郭沫若、李德全等人莅临观看。第二届少数民族传统体育运动会在呼和浩特召开,

中共中央政治局委员、全国人大常委会副委员长乌兰夫等人参加运动会并接见各族运动员。我国目前已经举办多次全国少数民族传统体育运动会,极大促进了民族传统体育的规范化、科学化发展。国家体育部门在民族传统体育项目的设置中充分考虑了各民族固有的文化特质,不仅设置了大量竞赛项目,还设置了具有民族风格和地域特色的体育表演项目,彰显了我国民族传统体育的风采。"交流、欢聚、和谐"成为民族运动会的永恒主题。在民族运动会这个平台之上,各民族运动健儿们在场上相互比拼,在场下获得友情,相互之间的了解促进了各民族间的交流。随着少数民族传统体育运动会制度化的形成,少数民族传统体育运动会的规模和影响力逐步扩大设置的比赛项目也越来越丰富,成为全国民族大团结的体育盛会,受到各国的争先追捧和效仿,也为推进世界体育文化的多样性做出了不可磨灭的贡献。

(二)民族传统体育资源开发取得的进展与突破

1. 民族传统体育与旅游业的结合

2018年国家体育总局、国家民委联合印发的《关于进一步加强少数民族传统体育工作的指导意见》中提到:"加强少数民族传统体育资源开发和产业扶持力度,推进少数民族传统体育与旅游、文化等融合发展,助力打赢边疆民族地区和少数民族群众脱贫攻坚战;引导社会力量推动少数民族传统体育与旅游业相结合,通过组织开展本民族、本地区特色的传统体育赛事、表演,宣传体育旅游资源,扩大市场影响力。"

民族传统体育旅游指利用民族体育项目为主要吸引物,以游客欣赏或参与体验为主要活动形式,以体育赛事、民俗节庆表演等为主要展演方式而进行的旅游活动。民族传统体育项目在政策推动、市场拉动的条件下,拥有广阔的发展前景并借助旅游这一载体逐渐被广大人民所熟知。目前我国采用多种形式来发展民族传统体育旅游,并取得了一定的成果。

(1)开展旅游节庆活动。民族节庆活动中通常有各种民族传统体育项目。如蒙古族的"那达慕"大会作为蒙古族历史悠久的传统节日在2019年举办了内蒙古自治区第二十九届旅游那达慕大会(表2-2),吸引了近5万人参加,其中包括大量的旅游业界代表、游客等,可见此大会的规模和受欢迎程度。

表2-2　内蒙古自治区主要"那达慕"大会

名称	地点	活动内容	备注
内蒙古自治区旅游那达慕大会	格根塔拉草原	博克、射箭、赛马、走马表演;民族歌舞;套马、驯马、马术表演;搭建蒙古包等活动	自1990年开始,每年7月25日至31日;目前举办29届
成吉思汗那达慕大会	成吉思汗陵旅游景区	"男儿三艺"、蒙古族马术表演等	自2005年开始,每年七八月间;目前举办15届
中国·锡林浩特国际游牧文化节	锡林郭勒草原	锡林浩特游牧文化节那达慕等系列节庆活动	首届始于2004年,目前举办16届
"吉鲁根"苏尼特文化节暨那达慕大会	希日塔拉草原	"男儿三艺"及其他传统竞技项目比赛、乌兰牧骑文艺会演等多项赛事及活动	首届始于2011年8月6日,目前举办14届

此外,风筝作为人们传统的娱乐健身活动项目日益受到广大群众的欢迎。19世纪30年代,风筝活动逐步由民间娱乐过渡到体育运动。从1984年至今,山东省潍坊市的国际风筝节已成功举办了36届,并且规模逐步扩大。2019年的国际风筝节包含了风筝锦标赛、万人放飞和歌舞演出等活动,吸引了800多名来自世界各地65个国家(地区)、全国20个省市自治区的风筝爱好者加入,近10万观众来到开幕式的现场,可谓是"声势浩大"。

(2)举办体育赛事。目前我国民族传统体育旅游的发展不仅涉及开展各种民族节庆活动,也十分重视体育赛事的开发。最具有典型特征的是龙舟竞渡这一群众性体育活动。我国的龙舟竞渡已经形成了以中国龙舟协会为首的较为完善的赛事管理体系。2019年我国举办了多场龙舟赛事(表2-3),2019年6月15日的"龙腾潇湘·2019"湖南传统龙船赛(沅陵站)有近10万游客、客商欣赏龙舟竞渡比赛。

表 2-3　2019 年度主要龙舟赛事

赛事	时间	地点
2019 年中华龙舟大赛	3 月 7 日—3 月 8 日	海南 万宁
	4 月 20 日—4 月 21 日	湖南 长沙
	5 月 18 日—5 月 19 日	江苏 盐城
第二届全国青年运动会龙舟项目预赛	5 月 7 日—5 月 9 日	江苏 淮安
	7 月 20 日—7 月 22 日	山西 太原

　　舞狮作为一种受大众欢迎的民族传统体育项目,每逢节庆或重大活动都会有它的身影。从 2005 年举办第一届世界华人狮王争霸赛以来,许多舞狮活动已经成为具有一定影响力的赛事品牌,如"五一"全国南北狮王争霸赛和"十一"世界华人狮王争霸赛。每年都有过万游客前来观看舞狮争霸赛。2016 年,西樵山狮王争霸赛被众人推选为"中国体育旅游十佳精品赛事"。这些体育赛事促进了当地民族传统体育旅游的发展。

　　整体来说,旅游节庆活动和体育赛事等都在我国广泛开展、蓬勃发展,使得我国民族传统体育资源开发的工作取得了重大进展与突破。

　　2. 民族传统体育与自媒体的结合

　　如今我们步入互联网时代,信息爆炸,各种媒体渠道争相出现,充分利用各种媒体渠道,民族传统体育在一定程度上得到了传播。在各种渠道中,电影、电视剧无疑是最直接的传播方式。第十届全国少数民族传统体育运动会推出"鄂尔多斯·民族电影展",在运动会期间,主办方在运动员村多个地点设置放映点,巡回放映 30 部优秀的民族电影。电影《抢花炮》于 2021 年 3 月上映,影片聚焦壮、瑶、侗等民族的传统体育活动抢花炮,全方位地展示少数民族村寨、风俗等,使广大群众更加直观生动地了解到抢花炮这一民族传统体育运动。除了运用电影、电视剧这种传播方式,随着直播热潮的到来,一些赛事的直播转播成为传播少数民族体育的窗口将民族传统体育的魅力呈现在观众面前。广西少数民族传统体育直播节目"三月三"受到广大人民的喜爱,连续三年致力于推广广西少数民族传统文化,成为广西电视台直播品牌,成为全中国争相效仿的典范。大量直播转播网站为广大热爱民族传统体育的群众提供了观看平台,人们可以随时随地欣赏历年的民运会、登高健身大会等赛事。新时代下民族传统体育与自媒体的结合使民族传统体育更迅速地被群众了解,有利于民族传统体育的传播。

二、民族传统体育发展面临的现实问题

(一)民族传统体育普及程度较低

相较于现代体育,民族传统体育在许多方面具有很大的优势(如地域性鲜明、民族性浓郁等),各族人民能真切体会到民族传统体育的民俗性、娱乐性和其中独具特色和魅力的文化内涵。但是,民族传统体育项目的发展面临着诸多困难。

普及程度较低,活动开展形式单一,活动内容较为死板和枯燥,导致学生和社区居民积极性、参与度不高,有碍民族传统体育的传播。毫无疑问,我国的教育规模在世界范围内位居第一。3.18 亿在校学生(包括大、中、小学生),超过 2000 所高校,容纳着大约 1600 万名学生。实践证明,学校是传统民族体育文化最理想的载体,能够快速有效地提升民族传统体育的影响力,各国开展和实施民族传统体育都会依靠学校。全世界范围内的学校都在为形成富有民族和国家传统特色的体育事业而努力,在课程中涉及相关民族传统体育项目内容(表 2-4)。我国民族传统体育在学校中的普及程度远不及其他国家。

表 2-4　各国学校体育中涉及的民族传统体育项目

国家	民族传统体育项目必修课
泰国	泰拳等一系列传统技击项目
韩国	跆拳道、民族舞蹈等
俄罗斯	民族民间舞蹈、摔跤游戏、滑雪、滑冰等
中国	踢毽、拔河、打靶等

此外,随着信息时代的到来,经济、政治、文化得到快速发展,许多城市发展成为了具有一定规模的、有大量城市社区在内的大都市,其中不乏各种大都会社区的存在。因此,民族传统体育的发展也越来越依赖社区体育活动。但是在我国,社区活动发展较晚,活动类型和资源严重不足,效果不佳,因此还需要进一步完善相关内容。

(二)民族运动会组织模式存在缺陷

我国社会主义体育事业的发展离不开我国民族体育的发展,民族运动会作为一项各民族参与的体育赛事对我国社会主义事业起着极为重要的作用。然而民族运动会本身存在着很多需要关注和解决的问题。自 1953 年第一届少数民族传统体育运动会开展以来,我国民族运动会基本照搬现代竞技体育运动会的模式(包括组织形式、赛事运行模式、最终的成绩评定方式),但此模式并不符合我国民族运动会的具体情况和特点。

1. 锦标主义泛滥

我国民族运动会每四年举办一届(类似于国际奥林匹克运动会),相关工作人员按照行政区域对参赛选手进行划分。有些参赛单位使用非正常手段谋求体育比赛的胜利,渐渐产生了锦标主义。

在云南省第八届少数民族传统体育运动会比赛中曾出现令人大跌眼镜的行为,男人冒充女人参加女子组比赛;在摔跤比赛中一些队伍里出现了只会说东北方言的云南少数民族选手;在打陀螺比赛里出现了一群"雇佣军"球员,他们分别代表不同队参赛,但却来自同一个村子……比赛时出钱雇选手、设置高额奖金、安排政府工作等是各政府、各参赛单位常用的非正常手段,他们使用这种手段使各自所在的团队在民运会上取得好的成绩,但这种做法使民族体育失去了原本的发展目标。对利益的过度追求损害了民族体育的娱乐性、教化功能,也会影响教练员或选手在平时对传统体育项目训练的重视,少数民族传统体育项目的发展必然受到影响。

少数民族传统体育运动会应该重视新项目的搜集、整理,更加重视项目本身的发展,而不是非要拼个"你死我活"争金牌。如果在地方的民运会中还强调"金牌战略",强调"东道主就要确保夺魁"的观念,忽视对参赛运动员的资格审查等工作,那么地方民运会"变味"的可能性极大,其积极的意义也将大打折扣。

2. 民运会项目异化

少数民族传统体育中有很多项目并不适合比赛,大部分的项目都是极具民间娱乐性质的游戏。民运会中所设置的项目只是很少的一部分,数量繁多形式多样的少数民族传统体育项目如何在民运会中全部展示出来?目前我们采取的做法是"改造",将一些不适合以比赛形式展示的项目改造成所谓的比赛项目。但这种做法很不合理,生硬的改造造成了民族传统体育项目内涵的泯灭。例如传统的抢花炮是一项类似于西方橄榄球运动的竞技类民族传统体育项目,体现了地区本土人民的运动智慧。抢花炮运动极具技巧性,巧妙的战术配合、出其不意的进炮吸引着广大的民族传统体育爱好者参与观看抢花炮比赛。但如今的抢花炮存在着严重的生存危机,项目规则遭到大幅修改,原本的观赏性和趣味性也几乎不复存在了。一些传统体育项目的"畸形改造"使民运会比赛项目与民间严重脱节。

3. 规则存在漏洞

民运会中有各种各样的项目,每种项目又细分为不同的种类(表2-5)。以摔跤为例,民族式摔跤就可分为6种,6种项目的摔跤方法各有不同但差别不大,且规则制定模糊。裁判员通常难以把握好尺度,做到精准判断。又由于有些摔跤比赛(如搏克)没有比赛时长限制,常常导致消极比赛,给广大的观众带来极为不好的观感体验。

表 2-5　民运会竞赛项目及各项目种类举例

竞赛项目	具体项目种类
民族式摔跤	搏克(蒙古族式摔跤)、且里西(维吾尔族式摔跤) 格(彝族式摔跤)、北嘎(藏族式摔跤) 绊跤(回族式摔跤)、希日木(朝鲜族式摔跤)
少数民族武术	拳术、器械、对练

实际上任何运动项目竞赛的规则都不尽完善,需要进行改进。但民运会中多种体育竞赛项目的规则存在重大漏洞,虽然各级体育局对相关规则进行了调整,但大多数调整抹杀了民族特性,抹杀了民运会发展的活力。如何既保持传统体育的本真,又能有较为统一和规范的比赛规则,是目前急需面对的难题。

第四节　全球一体化背景下我国民族传统体育的发展前景

历史的车轮滚滚向前,现如今经济全球化、全球一体化已成为必然趋势,体育全球化趋势也已经毋庸置疑。我国民族传统体育必将在此背景下,同我国腾飞的政治经济携手,登上世界大舞台。

一、民族传统体育文化的传承与广泛传播

(一)民族特征得到进一步彰显

随着体育进一步走向全球化,我国体育对西方体育敞开大门,我国民族传统体育受到了一定程度的冲击,其发展曾一度落于低潮。虽然现在西方体育的全球化程度非常之高,民族传统体育受到来自各方的挑战,发展前景堪忧,但民族传统体育有其自身存在的理由。民族传统体育是由各民族创造的、为了增强体质而进行的娱乐竞技和教育活动,是各民族以身体运动为基本方式的复合体,是代表民族文明进步的一种传统的文化生活方式,具有各民族自己的特征。以奥林匹克为主的现代竞技体育也是从民族传统体育中发展起来的。

我国民族传统体育是中华传统文化的瑰宝,是民族智慧的结晶,具有深厚的民族文化底蕴和显著的民族文化特征。我国的民族传统体育项目数量巨大,少数民族传统体育超过 600 项,仅仅是汉族,就有 300 多项的民族传统体育项目。具有民俗特点、娱乐等多项功能的民族传统体育,在未来会充分结合本民族的特点、挖掘深层的民族心理特征,进一步彰显其民族性。对于未来民族传统体育的继承和创新发展,一方面需要

立足于本国的基本点,将民族体育扎根到中华民族的土壤之中,充分彰显少数民族的民族特征。另一方面需要把握机会,将我国民族传统体育推向国际。

(二)民族文化在世界范围内广泛传播

中华民族传统体育是中华民族优秀文化的典型代表,是世界人民文化遗产的一个重要组成部分。在全球一体化的背景下,一味地强调民族化,可能会导致我国的民族传统体育故步自封、止步不前,仅在我国的小范围内得到发展,而难以在国际范围内进行大规模推广。甚至可能被其他国家的民族体育所取代、消灭,从而错失良机,丧失在国际上的发展。

如今国家层面上对于民族传统体育发展的目标定位较低,发展体制缺乏活力,民族传统体育与国家奥运目标没有得到充分的结合,导致民族传统体育在国内外发展较为缓慢。因此,在全球一体化背景下,在不在同的文化交流中,我国民族传统体育必须以向世界传播作为战略目标,彰显我国民族传统体育的民族特征,传播我国的民族文化。对于外国人来说,我国的民族传统体育具有神秘性,有着巨大的吸引力;对于我国本国人来说,民族精神的培养和日益增长的民族认同会形成巨大的消费市场。近年来各种民族传统体育活动的盛行(如舞龙舞狮、赛马、摔跤、射箭等)吸引了众多国内外游客的注意,在一定程度上促进了我国民族传统文化的传播。相关部门尝试举办了多项形式多样的国际性展示比赛活动,这些活动为中国优秀的传统体育项目走向世界搭建了桥梁。民族体育源于中国但是属于全世界,日后我国民族传统体育走向世界的脚步将进一步加快,我国将致力于在全世界范围内宣传、弘扬我国的民族文化,有效促进不同民族、信仰、文化之间的相互交流和合作,使各国互通有无,互鉴互学。我国民族传统体育也将主动适应国际国内环境,让外国友人更加客观、全面地了解中国,喜欢上中国,让我国的民族传统体育,我国的传统文化在国际上大放异彩。

二、民族传统体育产业化发展

(一)体育市场的进一步开拓

人类社会已经进入数字化信息时代,文化与经济之间建立了紧密的联系。民族传统体育经过历代的发展变迁和现代化元素的融入,呈现出前所未有的生机与活力。越来越多的人被民族传统体育项目吸引,不仅丰富了其动作形式,还带动了各种形式的消费浪潮。体育产业化、市场化已初见成效。

制度改革是实现民族传统体育产业发展、体育市场规范化的基础。我国已在制度方面进行了重大改革,不仅考虑到民族传统体育产业的可持续性发展,而且考虑到经济效益问题,相关制度保障了我国现有的民族传统体育市场。在全球一体化背景下,我国民族传统体育市场需要进一步的开拓,需要兼顾经济效益和社会效益,遵从"布局合理、均衡发展"的规律,重视民族传统体育产业的市场性发展,探索新的市场性发展模式,以实现民族传统体育产业科学性、系统性的全面增长,给广大群众提供一流的体育服务。

体育旅游产业将成为全球一体化背景下我国民族传统体育产业的引爆点,我们应该加大宣传力度,深入开发运动项目本体产业,积极开展休闲度假旅游、民俗特色旅游,保证旅游产业全方位的发展质量。

如今移动互联网的基础设施和带宽成本迅速下降,导致整个直播领域在最近两年非常火爆。但是在运动比赛直播板块中,因为技术门槛相对较高,不容易实现精华的剪辑。但随着移动互联网的底层技术高速公路的完成,整个技术的迭代过程中会有更多新的商业模式、新的创业公司出现。这个市场也会有非常大的发展空间。

(二)文化消费水平的不断提升

目前体育消费市场不断扩大,体育需求也在不断增加。2014年底,从46号文件《关于加快发展体育产业促进体育消费的若干意见》正式出台开始,整个体育产业蓬勃崛起,大步向着"体育产业五万亿"的目标迈进。

体育、文化消费不同于一般的物质消费,它主要寄托了人们对更健康的生活的向往并满足人们的精神需求。在当前人民的消费占比中,民族传统体育消费已经成为大部分人不可缺少的一部分。人们在享受民族传统体育产品的同时,不仅身心得到满足,而且逐步形成了消费习惯,促进了民族传统体育的传承与发展。

民族传统体育是一种宝贵的资源,未来我们将使民族传统体育与其他资源结合,彰显我国的竞争优势,使我国各部门、各企业成为一个统一的整体,利用现代化手段、大众传媒的影响力为我国带来巨大的经济利益。各种火爆的民族传统体育赛事将成为未来我国人民体育文化消费的重要组成部分,我国体育产业销售部门应借助民族传统体育赛事的东风,从运动鞋到体育器材、体育用品等衍生物中的售卖中全面获益。一系列的商业行为,从竞赛的多方赞助、企业冠名到广告、门票的售卖等做到尽可能规范。但需要注意的是,不同体育项目的产业化方式不同,需要积极寻找不同的商业模式。从市场学的角度来看,市场的形成与发展需要消费者较大规模的聚集,尤其是竞赛表演市场的形成与发展一定要靠消费者的聚集效应支撑。一些民族传统项目,如舞龙、舞狮等,由于符合大众口味和消费能力,并有成熟的宣传推广手段,已经走上了产业化道路,并且有了较好的市场运作方式。我们需要在此基础之上,进一步开发我国民族传统体育的经济价值,更加充分地了解市场规律,学习和借鉴国内外的成功经验,积极地构建民族传统体育的消费市场,提高国民素质,使其成为国民经济的新增长点,促进体育文化消费水平的不断提升,逐步把具有市场前景的传统体育项目推向市场,使我国民族传统体育走向巅峰。

第三章 民族传统体育文化的
内涵与价值彰显

民族传统体育文化是中国传统文化的重要组成部分,彰显着中国人的智慧和运动精神,经过数千年依旧保持着旺盛的生命力,并且对现代体育产生了深刻的影响。本章通过阐述传统体育的文化属性、文化内涵和文化价值,充分展现传统体育文化的魅力。

第一节 民族传统体育的文化属性

"民族传统体育"是为了和西方体育区分而被提出来的,其目的是为了维护中国民族传统体育的地位,中国民族传统体育有着不同于其他体育的文化属性,正是这些特别的文化属性使其数千年来依旧保持着源源不断地发展动力。

一、推崇伦理教化的价值取向

儒家文化对中华民族的影响非常深远,社会生活的方方面面都能找到儒家文化的影子,儒家文化在我国民族传统体育中也有体现。我国的民族传统体育强调伦理教化的重要性,认为体育的是一种"寓教于乐"的教学方式,希望人们能在体育运动过程中接受道德的洗礼,完成道德的培养和升华。比如《孟子·藤文公》中记载"庠、序、学、校以教之",这里的"序"指的就是射,西周不仅把体育活动规定为学校课程,还规定"射、舞、御"要以"中礼"进行,让人们在学校的体育活动中建立起对"礼"的重视。司马光还评价投壶说,"投壶者不使之过,亦不使之不及,所以为中也,不使之偏颇流散,所以为正也、中正、道之根柢也"。《蹴鞠图谱》中有专门讲述蹴鞠要如何体现儒家文化的章节,还提出踢球也要以"仁义"为前提。中国古代这些关于体育活动的道德要求,都体现出我国民族传统体育重视伦理教化的价值取向。

二、具有民族品格

现代体育项目见表 3-1。

表 3-1　现代体育项目①

大类	亚类	主要项目	
体能主导类	快速力量性	跳跃、投掷、举重 短距离跑(100 米、200 米、400 米)	
	速度性	短游(50 米、100 米) 短距离速度滑冰(500 米) 短距离赛场自行车(200 米、1000 米)	
	耐力性	中长超长距离走、跑、滑冰 中长超长距离游泳;越野滑雪 中长超长距离公路自行车;划船	
技能主导类	表现	准确性	射击、射箭、弓弩
		难度性	体操、艺术体操、技巧、跳水、花样滑冰、花样游泳、冰舞、武术(套路)、自由式滑雪、滑水
	对抗	隔网	乒乓球、羽毛球、网球、排球
		同场	足球、手球、冰球、水球、曲棍球、篮球
		格斗	摔跤、柔道、拳击、击剑、武术(散打)、跆拳道

---

① 杨建成.民族传统体育发展研究[M].南京:河海大学出版社,2015.

民族传统体育项目表见表 3-2。

表 3-2　我国民族传统体育项目①

大类	亚类	主要项目
技击增力类	武术类	拳术、器械、对练、集体项目等
	摔跤类	拌跤、布库、博克等
	射击类	射箭、骑射、射柳、射弩、弹弓等
	投技	投石、投壶、投彩球、打布鲁等
	举重	举鼎、石锁、石担、石球等
休闲娱乐类	舟戏	划龙舟、龙舟竞渡、赛独木舟、激流回旋等
	水戏	潜水、游水、捉小鸭、水球等
	骑戏	赛马、赛耗牛、赛骆驼、刁羊等
	球戏	蹴鞠、柔力球、马球、珍珠球等
	舞戏	舞龙、舞狮、摇船、跳竹竿、跳铜鼓等
	棋戏	围棋、象棋、军棋、三角棋、跳棋、龙棋
	其他	拔河、跳绳、秋千、风筝、打陀螺等
养生健身类	导引类	五禽戏、八段锦、易筋经、养生方
	太极类	拳、剑、扇、球、棒等
	剑舞类	舞剑、拳舞、木兰拳、木兰扇、木兰舞等

　　从表 3-1 可以看出,现代体育项目主要包括体能主导类和技能主导类两大类,注重培养的能力在于力量、速度、耐力、表现性、对抗等方面。现代体育项目的种类比较简单,普适性比较强,一般没有太强的地域色彩,适合作为大众比赛项目。现代体育项目的重点在于竞赛,体育项目中包含的文化内涵比较少,趣味性较弱。从民族品格上说,现代体育中的竞赛性较强这个特点,正是西方人热爱竞争、重视竞争的思想的体现。

　　从表 3-2 可以看出,我国民族传统体育的项目种类繁多,主要包括技击增力类、休闲娱乐类、养生健身类三大种类,其功能包括竞技、休闲娱乐、养生健身三个方面。和现代体育不同的是,我国的民族传统体育

---

① 杨建成.民族传统体育发展研究[M].南京:河海大学出版社,2015.

最重要的功能并非竞技功能,相反人们更偏重于其中的休闲娱乐和养生健身功能,因此传统体育项目中只有少数项目具有较强的竞技性,这一点也非常符合中华民族热爱和平、和谐统一的民族品性。

三、具有森严的等级制度

在我国古代,森严的等级制度统治者是维护阶级统治和国家稳定的重要手段,不同阶级有不同的"礼"需要遵守,我国的民族传统体育中也严格遵守着等级制度。

比如西周就设有用来区分等级的射礼,将这种项目分成大射、宾射、燕射、乡射四个等级,不同的人参加不同等级的项目,这种射礼重视区分君臣、长幼,虽然有一定的娱乐性,但是更重要的作用是进行礼仪教化。宋代流行的打马球活动也明确规定了不同等级的人的不同待遇,比如如果皇帝参加马球比赛,那么众人一定要把第一次进球的机会让给皇帝。

民族传统体育活动的等级制度还有一个明显的表现就是在对待女子的态度上,古代女子的地位一般比较地下,很少能有出头露面的机会,体育活动一般也是将女子拒之门外,很少允许女子参加。

四、不断继承,不断发展

体育运动是社会发展的产物,是人类文明发展到一定程度才会出现的一种文化现象,体育活动的产生、继承、发展与人类社会的经济、文化、政治、自然环境等因素密切相关。我国的民族传统体育最开始的形式是各民族的一些生存技能和游戏活动,经历了漫长的过程才逐渐发展成为规范的体育活动,最后又形成完备的体育体系。我国的民族体育活动之所以能在中华民族数千年的历史过程中保持者活力,就是因为不断继承,不断发展。

1. 民族传统体育的继承

在长期的实践活动中,人们总结了四种比较常见的民族传统体育继承方式,分别是家族传承、师徒传承、宗教信仰传承和民俗地域性传承。

（1）家族传承

家族传承的继承方式主要表现在民族传统体育中的武术项目上,例如绝大多数太极拳都是家族传承,河南陈家沟陈王廷所创的陈氏太极拳、河北杨福魁在陈氏太极拳基础上所创的杨氏太极拳和北京大兴吴鉴泉所创的吴氏太极拳均表现出家族传承特点,其他拳术也有许多是家族传承;再如福建严咏春所创咏春拳、陕西高占魁所创高家拳、广东蔡展光所创蔡家拳,等等。①

武术在很长一段时间内完全成为家族内部传承的项目,各种派别之间拒绝交流往来,造成了武术故步自封、停滞不前的局面,妨碍了武术的进步。后来这种几乎只在家族内部传承的局面被打破,才改善了武术传承的困境。

（2）师徒传承

师徒传承也是民族传统体育传承的重要方式之一。比如古代的武术既是强身健体的方式,也是一种生存的本领,很多人想要获得这种本事就要进行拜师学艺。金庸作品《射雕英雄传》中各大门派的武功就是通过拜师学艺的方式往下传承的,比如小龙女就是杨过的师父。还有一些具有观赏性质的体育活动,比如舞龙、舞狮等民间技艺,也是要通过拜师学艺的方式获得学习机会。

所谓名师出高徒,师徒传承成为民族传统体育相当重要的传承形式。

（3）宗教信仰传承

长久以来,宗教一直是我国文化领域的重要部分,宗教文化在长期社会实践早就融入我国社会生活的方方面面,我的民族传统体育的发展也离不开宗教的影响。比如为了保持自己信仰的宗教的地位,各个宗教通常会发展一些专属本宗教的武功,佛教的少林派武功、道教的武当派武功都是在这种目的下诞生的。不同的宗教祭祀也会表现出不同的体育形式,这些体育形式还会在教义的要求下进行传承。

宗教传承也是民族传统体育传承的一种重要方式,许多体育项目得益于宗教传承而被保留下来。

（4）民俗地域性传承

民俗地域性传承也是民族传统体育的重要传承方式,主要是指民俗

---

① 杨建成.民族传统体育发展研究［M］.南京:河海大学出版社,2015.

活动会在当地地域文化的影响之下,加入能够体现当地地域文化的内容,同样的体育活动在不同地域的表现形式可能会有一些出入。

2. 民族传统体育的发展

民族传统体育如果只知道在原来的基础上继承,而不知道审时度势,根据时代特点进行发展,也是无法保持长久的生命力的。我国的民族传统体育在继承的基础上,又根据每个时代的时代要求,不断发展创新,才能在今天依旧受到欢迎。

比如人们可以将不同的体育活动结合起来,发展出难度更大、更具有趣味性的新活动。把足球和滑冰结合,就能发明出既能体会冰上运动的快乐,又能感受足球的魅力的新活动——冰上足球;把球技和马术结合,又成了在宋代颇为流行的打马球活动;将骑马和射箭结合起来,威风凛凛的骑射项目也诞生了,等等。现代人们还将一些具有特色的民族传统体育活动当成家乡的名片,如云南的斗牛节、潍坊的国际风筝节、河南的少林功夫节等,既宣传了传统体育文化,又为家乡带来了经济收益,可谓一举两得。

第二节　民族传统体育的文化内涵

一、民族传统体育之物质文化内涵

地处大河流域,幅员辽阔,气候温和,借助地理优势,中国自古以来就是农业大国。中国的文明也与农业不可分割,发展出了灿烂的农业文明。在农业发达的现实基础上,中国自春秋战国开始形成以小农经济为基础,以家庭手工业为补充的经济结构。这种小农经济结构为中国的传统体育文化提供了物质文化基础,我国许多传统民族体育活动都是在农业劳作的过程中形成发展起来的。

以草原上的游牧民族为例,骑马、射箭是游牧民族赖以生存的本事,他们除了将这些视为生存技能,还对其抱有崇敬思想,所以逐渐将骑马、射箭发展成一项竞技比赛,享受获胜带给他们的荣誉。比如原本生活在我国东北的游牧民族满族就非常擅长射箭,后来他们入关建立清朝后,射箭开始成为一种"时尚"的运动项目。除了军营中的八旗还要保留骑马射箭的作战训练外,普通的士大夫也很推崇射箭运动,家家设有"射圃",定期举行"射会"。除了满族人擅长的射箭,骑马、投枪和射猎也是游牧民族日常生产生活中常见的技能。如哈萨克族、蒙古族、塔吉克族等,由于在狩猎活动中需要培养使用马匹的能力,牧民们练就了高超的骑术,后来又衍生出赛马、叼羊、骑射、马球、姑娘追等相关的民族传统体育项目。蒙古族传统节日"祭敖包"和"那达慕"大会上的三项传统竞技活动——博克、射箭、赛马,更充分展现了草原游牧民族文化的神韵和风采。又如藏族的赛马、射箭、"俄多"(意为用牧羊鞭甩石块)、赶牛、蹬棍、赛牦牛、抱石块、登山、格吞(双人拔河)等运动,体现了浓郁的游牧民族的风格特征。[①]

和北方游牧民族类似,生活在海南岛的黎族,因为生活的地方盛产竹子,所以在长期的生产生活中形成了一种以竹子为工具的"跳竹竿"的运动娱乐方式。"跳竹竿"的动作是黎族人民根据在竹子之间的跑跳动作形成的,做起来轻快活泼,既是一种娱乐健身的好方式,也颇具观赏性。

我们常常听到的"斗牛"也是一种因为农业生产而发展出来的体育活动,相传是为了庆祝丰收、感谢神明而出现的。在"斗牛"活动中人和牛都要盛装打扮,人们常常身穿华丽的民族服饰或者运动服饰,而牛的身上也要披挂上色彩艳丽的装饰物,以显示喜庆的气氛。斗牛时,人可以先跟牛进行一些互动增加"斗牛"的观赏性,而后采取双手抱住牛角、头顶住牛的天灵盖等动作比赛。斗牛活动通常气氛比较激烈刺激,能够显示人们丰收以后的激动心情。

农业经济是传统体育文化产生和发展的物质基础,自然环境又是农业经济发展的基础。一些传统民族体育活动从农事生产生活中分化出来,既能体现当地农业生产生活和自然环境的特色,又同时具有运动、娱乐、庆祝活动等多种意义。中国复杂辽阔的地形上产生了各种具有地理特点和民族特色的传统体育活动,对于丰富我国传统体育活动文化具有重要意义。

受到战争、人口迁徙、交通状况改善等因素的影响,被自然环境限制

---

① 苏航. 民族传统体育文化传承创新研究[M]. 南昌:江西科学技术出版社,2017.

的传统体育文化也一直呈现动态变化,我们现在看到的传统体育活动也许已经是多个民族文化相互交融形成的结果。民族之间的交流融合,为传统体育的发展注入了新的活力。

随着科技的发展,自然环境对人类活动的限制逐渐降低,这对传统体育活动的发展既是机遇也是挑战。一方面,科技的进步能拓宽民族传统体育的宣传途径,让更多的人了解民族传统体育活动,吸引更多的人加入民族传统体育活动中来;另一方面,民族传统体育本身以民族和地域特色见长,各种文化的冲击可能会冲淡其特色,另外,科技的进步使得更多新颖的体育活动被人们熟知,民族传统体育的受众数量有不升反降的风险。民族文化想要在新的时代背景下继续绽放魅力,必须求新求变,把握住发展机遇。

二、民族传统体育之制度文化内涵

民族传统体育文化主要受到宗法制度的影响。

人类是群体动物,人和人之间会产生各种各样的关系,然而在众多关系中最重要也是最基础的部分,就是人类生来就已确定的关系——血缘关系。生活在几千年之前的中国人凭着对人类关系最直白的认识,确定了血缘关系的重要性,并且不断将其神圣化、规范化、制度化,发展出贯穿中国历史的制度——宗法血缘制度。我国传统的宗法血缘制度经历了三个发展阶段,分别是周代宗子法——嫡长子继承制,魏晋门阀制度——以血缘关系为纽带,宋以后——家族或者宗族制度。①

宗法制度的核心是血缘,夏商周时期是氏族社会向国家过渡、血缘向地域过渡的重要时期,但是由于没有发生具有强大冲击力的事件,导致这种过渡未彻底成功,氏族部落中对血缘的崇拜被保留了下来,并且在未来几千年的发展中一直得以传承,贯穿了中华传统文明的始终。从殷墟甲骨文中"王族""子族""三族""五族"等字样到周代所采取的宗族(包括家族)制度,都是以原始社会的血缘组织联系着的,以血缘关系遗存为基础的。②

宗族血缘制度在古代社会得到不断的发展完善,不仅是联系家族的

---

① 杨戎,姜付高.中西方体育文化比较[M].北京:社会科学文献出版社,2008.

② 苏航.民族传统体育文化传承创新研究[M].南昌:江西科学技术出版社,2017.

纽带,还成为治理国家的重要手段。春秋时期孔子提出"克己复礼",阐述了一套孝悌理论,这种理论成为民间宗族的重要治理思想。汉代董仲舒提出"天人合一""君权神授"的理念,将"人道"和"王道"结合起来,彻底在政治领域建立起一套宗法和君权相结合的理论,成为后世每位统治者巩固"自家"统治的重要理论支撑。

宗法血缘制度影响了中国古代社会数千年,既发挥了其积极的作用,也有其消极作用。以家庭为单位、家国一体的组织形式,有利于加强中华民族的凝聚力,中华民族团结一致抵御外敌的变现就是这种凝聚力的体现;这种组织形式维系了中国传统社会几千年,它也早已经成为中国传统文化的动力源泉。但是这种宗族血缘制度限制了人群的流动,培养出了"重农抑商"的社会氛围,不利于后期封建制度的瓦解和新的生产方式的诞生,使中国错过了向前发展的重要时机。

在宗法血缘制度的影响之下,传统体育也呈现出"家族式"的特点,如一些拳法、剑术最开始就是由某些家族创编并且在家族内部传承的,从这些拳法、剑术的名字中就能看出,往往名字的第一个字就是家族的姓氏。还有一些"传男不传女""不传外姓人"的规矩中也能体现出家族至上的意味。

三、民族传统体育之精神文化内涵

(一)道家思想对民族传统体育文化的影响

1. 道家思想中的"养生"理念

道家不像大多数宗教一样追求"来世"的幸福,而是将目光放在现世生活中,希望实现现世的价值。老子曾经说过,"长生久视"。因此,道家思想中很重要的一部分就是对延长寿命、长生不老的追求,所以道家非常注重"养生",强调"休养生息"的重要性。本着延年益寿的目的,道家学派形成了非常丰富的养生思想,这些思想还分成了不同的流派。

(1)以"静"为主的养生思想

老子、庄子是以"静"为主的养生思想的代表人物。老子哲学思想的中心体现一个"无"字,"无欲""无事""无为""好静"。他还主张"不动",

反对刚强进取,强调要保持原有的状态。老子的这种"静"哲学,为后世的"持静""内养"的体育思想提供了源头。庄子的哲学思想认为,世间万物都是相对的,任何事物不用区分好坏,要放弃对福祸、生死等的差别认识,淡化对这些事物的反应,不必太过在乎。他还主张一切要顺应自然,不必在短暂的生命里太过追求知识的多少和形体的健壮与否,只要对万事万物都顺应而为,只用静坐和呼吸也能达到养生的目的。

除了老子和庄子的"静"养生思想之外,魏晋时期道教的养生思想、魏晋时期玄学的养生思想、隋唐时期传入我国的佛教的哲学思想,都成为我国古代以"静"为主的养生思想的重要组成部分。①

(2)以"动"为主的养生思想

以"动"为主的养生思想主要体现在荀子的哲学和《吕氏春秋》中。荀子在赞同道家前辈尊重自然的前提之下,又创造性地提出了人可以通过自己的努力,战胜自然的思想,即"知天命而用之"。这种思想强调了人的能动性,运用到养生上就是可以通过运动来改变自己的身体状态。《吕氏春秋》进一步发展了"动"哲学,"流水不腐,户枢不蠹,动也,形色亦然。形而不动则精不流,精不流则气郁""凡人三百六十节,九窍五脏六腑,肌肤欲其比也,血脉与其通也,筋骨与其固也,心之欲其和也,精气欲其行也。若此病无所居,而恶无由生也"。② 这些内容进一步阐述了运动对身体健康的重要性。

在这种以"动"为主的养生思想的影响之下,后世开始发展以运动为主的养生方式,如华佗发明的"五禽戏"就是通过运动强身健体,宋代、明代、清代的养生方法也都是以运动为主。

2. 道家思想影响下的养生体育原则

(1)顺应自然与"无为"的原则

《老子》曰,"人法地,地法天,天法道,道法自然。"即认为大自然是人类赖以生存的基础,人类的一切活动必须在符合自然规则的前提下进行,要顺应自然规律才能保持身体的健康。老子这种顺应而为的思想在很多讲述传统体育文化的后世作品中都有所体现,比如《黄帝内经》中就提到"道法自然"的养生思想,所谓"道"就是自然界的规律,"法"就是人

---

① 杨弢,姜付高.中西方体育文化比较[M].北京:社会科学文献出版社,2008.
② 同上.

类社会中的法律规则。这种养生思想,一方面阐述了自然规律对人类的制约,要求人类的养生活动必须在顺应自然的情况下进行;另一方面也揭示了人类的群体特性,即人类也生活在社会之中,养生活动还要符合人类社会的现实,顺应社会环境的变化。

"无为"也是道家养生文化的重要代表,它是在顺应自然思想的基础上发展而来的。道家认为,世界上万事万物都有其自身的发展规律,我们必须要尊重事物自身的规律,让事物按照规律自由发展就是最好的处理方式。如果强行改变事物的发展进程,可能会适得其反,形成弄巧成拙的效果。人类的身体也是有自己的发展规律的,我们只需要保持原有的身体状态,不轻易改变我们的生活习惯,就会让身体处于健康之中。因此,养生不需要大动干戈,"无为"就是最好的运动做法。

(2)动静结合原则

《庄子·刻意》曰:"吹呴呼吸,吐故纳新,熊经鸟伸,为寿而已矣。此道引之士,养形之人。"这句话的意思是,"以或快或慢的方式进行呼吸,呼出体内的浊气而吸进新鲜的空气。熊在树上攀爬,鸟在空中伸展飞翔,这就是养生长寿的方式。这就是根据自然之道进行养形。"庄子的这种思想认为,只要呼吸加上运动就能够达到养生的目的,强调了运动的重要性。同时,受到道家传统的"静"的思想的影响,道家认为"静"也是体育运动中不可缺少的部分。静养是养生中的重要内容,静养可以调节身体的机能,使身体处于一种更加和谐、协调的状态中。

受到道家思想的影响,中国的传统体育文化不是一味强调运动的重要性,而是讲究动静结合,在保证身体状态的情况下进行适当的锻炼。

(3)形神共养原则

道家主张养生活动要以动养形,以静养神,即用运动的方式来保持身体的健康,用静养的方式来保持精神的健康,形神共养是道家养生思想的重要追求。人的身体状况和精神状况共同组成人的健康状况,一旦有一方面出现问题就会影响整体的健康。形神相依,既要注意适当运动保持身体健康,也要时刻关注精神状况。道教有言,"人只知养形,不知养神,只知爱身,不知爱神,殊不知形者,载神之车也,神去人即死,车败马即奔也"。

道教形神相依的养生思想对后世的传统体育文化影响深远,比如《素问·四季调神大论》中就提出,除了要四季运动锻炼身体,还要根据四季的变换休养精神。如春天可以在万物复苏的气氛中散步养神,夏天可以通过早起养神,秋天使神气归于收敛宁静,冬天则晚睡早起,这样就可以达到养生的目的,体现了道家形神共养的养生理念。

(二)"天人合一"思想对民族传统体育文化的影响

1."天人合一"思想的内涵

"天人合一"思想最开始是由庄子提出来,后来在汉朝由董仲舒发展成一种系统的、以"天人合一"为核心思想的哲学体系,成为我国传统哲学中的一个重要命题。

"天人合一"思想最开始是由道家阐述的,道家认为人与自然在本质上是统一的。老子主张"王法地,地法天,天法道,道法自然",庄子说:"有人,天也;有天,亦天也",他还认为天地人是由"气"构成,人是自然的一部分,天与人是统一的,反对人为,极力主张"无以人灭天",通过"坐忘""心斋"的忘我体验来达到"天地与我并生,而万物与我为"的天人合一的精神境界。①

汉朝时,儒家学派的董仲舒继续发展"天人合一"的思想,他在著作《春秋繁露》中提出,"天人之际,合而为一"的说法,并且将阴阳学说和五行学说加入其中,进一步认为,"天""人"是可以相互感应的,"人"作为"天"的派生而存在。董仲舒这种加入阴阳和五行学说的做法给"天人合一"的思想赋予了浓重的神秘主义色彩,满足了统治者希望借助"天"的力量进行统治的愿望,为后期"罢黜百家,独尊儒术"做法奠定了基础。

2."天人合一"思想在民族传统体育文化中的体现

"天人合一"思想是中国传统文化领域非常重要的一部分,在农学、医学、艺术、兵法领域都有非常明显的体现,在传统体育文化重要也是重要的指导思想之一。如中国自古以来就有"一方水土养一方人"的说法,其中就蕴含了对"天人合一"思想的理解,认为人是自然的附属物,属于自然,应该顺应自然的发展,根据自然条件的变化而改变,而不应该逆着自然条件行事。

就体育养生来说,人们要根据不同地域的不同自然条件顺时顺地而

---

① 杨建成. 民族传统体育发展研究[M]. 南京:河海大学出版社,2015.

为。所谓"顺时"就是指根据时辰、季节的变化进行养生活动,比如人一天中不同时间的呼吸、血压、脉搏等是有所差别的,古人认为"以一日分为四时,朝则为春,日中为夏,日落为秋,夜半为冬。朝则人气始生,日中则人气长,外则人气始衰,夜半人气入藏",①说明古人也意识到一天中的不同时辰身体的状况是有所变化的。另外古人还注意根据不同的季节进行养生,中国传统的养生理念中就提出,春季适合养肝,夏季适合养脾胃,秋季适合养肺,冬季适合养肾,对不同的季节提出不同的养生建议,充分体现了"天人合一"中顺应自然的思想。

"天人合一"对传统民族体育文化的影响主要可以体现在以下两个方面:

(1)顺应自然。顺应自然是"天人合一"思想最核心的内容,要求体育养生活动必须在合适的时间、合适的场地进行,根据自然条件及其变化进行转变。

(2)尊重规律。尊重规律可以分为尊重人体自然规律和生活作息规律两个部分。尊重人体自然规律就是要根据人体本身的条件和身体所需进行体育养生活动,选择适合自己的内容。尊重生活作息规律就是养成良好的生活习惯,在正确的时间做有利于身体健康的活动并且保持下去,不轻易打破生物钟。

(三)"阴阳"思想对中国传统体育文化的影响

1."阴阳"思想的内涵

"阴阳"这个概念最早出现在夏商时期的《易经》中,至于阴阳学说是如何产生的,因为没有记载至今仍无定论,阴阳学说的成熟是在战国时期。阴阳学说是在早期中国人类探索世界的实践中形成的,反映了早期人类对世界从认识到实践到再认识的过程,体现了人们对客观社会认识方式的进步。阴阳学说阐述了朴素的对立统一理论,是中国传统哲学的重要组成内容。

《易传》中说"一阴一阳之谓道",明代医家张景岳明确指出:"阴阳者,一分为二也",《素问·阴阳应象大论》中这样描述:"阴阳者,天地之

---

① 杨建成.民族传统体育发展研究[M].南京:河海大学出版社,2015.

道也,万物之纲纪,变化之父母,生杀之本始,神明之府也"。[1] 这些表述体现了阴阳学说的核心内容,即所有事物都是由阴阳两个方面的内容组成的,阴阳是对立统一的两个方面,但是同时又是阴中有阳,阳中有阴的关系,并且阴阳关系不是一成不变的,在一定条件之下,阴阳可以相互转化。阴阳学说中的对立统一的哲学观点可以总结成以下几个方面。

(1)对立性。世界万物的本质都是矛盾对立的,对立是事物最内在本质的属性,对立是无条件的和绝对的对立。

(2)统一性。阴阳具有统一性,事物是在阴阳的相互练习和相互作用中发展的,没有阴阳的统一就没有事物的联系和发展。

(3)阴阳是可以相互转化的。《素问·六元正记大论》中写道"重阴必阳,重阳必阴",说明阴阳在达到一定条件时是可以相互转化的。

(4)阴阳平衡是重要追求。《黄帝内经》中《素问·至真要大论》中说"谨察阴阳所在而调之,以平其期",体现了人们对阴阳平衡的追求。

阴阳太极图是阴阳学说核心思想的最好体现(图 3-1)。阴阳太极图是由黑白两条鱼共同组成的一个圆形,从整体上看,一个圆形中包含黑白两部分,说明世间万物都存在两个方面的内容;从部分上看,两条鱼颜色为相反的黑白两色,说明世间万物的内在本质具有斗争性,两条鱼相拥相簇,一条鱼的尽头变成另外一条鱼,说明阴阳的关系为你中有我,我中有你,并且在一定条件下还可以相互转化。

图 3-1　阴阳太极图[2]

---

① 杨建成. 民族传统体育发展研究[M]. 南京:河海大学出版社,2015.

② 同上.

2."阴阳"思想在传统体育文化中的体现

阴阳学说是我国传统文化中不可少的一部分,贯穿我国传统文化的始终,对我国的传统体育文化有着深刻而悠远的影响,在很多体育活动中都有体现。

(1)"阴阳"思想和太极拳

太极拳是传统体育运动中最能体现阴阳思想的例子,因为它本身就是由张三丰、王宗岳等人在阴阳学说的基础上创立的。

太极拳中的阴阳统一。太极拳是刚柔并济的一种拳法,讲究柔中有刚,刚中见柔。拳法中的刚柔理念就是对阴阳理论中阴阳合一的的实践。此外,太极拳拳法的虚实、快慢,力度的大小,动作的开合,呼吸等,都是阴阳集合一种运动中的表现,实现了阴阳的统一。

太极拳中的阴阳平衡。"内宜鼓荡,外示安逸"[1]是太极拳重要的精神内核,要求在使用拳法时要注意内部精神的振奋和外部表现的平稳。一般来说,身体内部为阴,外部为阳,"安逸"为阴,"鼓荡"为阳。太极拳中身体内部鼓荡,外部安逸的要求,就是使运动的阴阳和身体的阴阳达到一种平衡,完成锻炼身体反应能力和协调能力的目的。

(2)"阴阳"思想和形意拳

除了太极拳,中国传统民族体育中的形意拳也是根据阴阳思想创编的。《易经》中说,"无极生太极,太极生两仪,两仪生三才,三才生万物",形意拳中有"三节"(根节、中节、梢节)、"三劲"(明劲、暗劲、化劲)、"三心"(手心、足心、顶心)、"三势"(高势、中势、低势)、"三丹田"(上丹田、中丹用、下丹田)的说法,在练法要领中又有三顶、三扣、三圆、三敏、三抱、三重、三曲、三挺等八个要求,均暗含三才之意。[2]

形意拳在阴阳学说的阴阳共生、阴阳对立、阴阳转化的基础上,又采用"三才生万物"的思想,发展出与"三"相关的拳法技能和拳法要求,既是对中国传统拳术的创新,也是对阴阳思想的进一步发展和进一步实践。

---

[1]　毛万莲. 太极拳与阴阳学说新解[J]. 赤峰学院学报,2010,(3):101-103.

[2]　杨建成. 民族传统体育发展研究[M]. 南京:河海大学出版社,2015.

第三节　民族传统体育的多元价值彰显

一、民族传统体育的作用

（一）促进民族团结，增强民族凝聚力

民族传统体育活动的开展往往会吸引很多人前来参与，举办民族体育成为促进民族团结、增强民族凝聚力的好机会。

盛大的体育活动往往能够把同一个地区同一个民族的人们聚集到一起，聚集的机会也就是人们进行交流的机会，相同的民族、相同的语言、相似的价值观和审美，为人们进行交流打下了基础。体育活动往往会伴有身体的接触，意志力和情感的体现等，这也就使得参与者在参与的过程中可以进行情感交流，增加对彼此的了解和认识，有利于培养民族认同感，增强民族凝聚力。民族传统体育活动不仅能够增加参与者的民族凝聚力，也能增加观赏者的民族认同感。如舞龙、拔河、踩高跷等民族体育活动，虽然参与到活动中的人不多，但是因为这些活动具有很强的观赏性，所以会吸引很多观众，在观赏的过程中人们也会相互交流、相互认识，增加民族理解和民族认同感。对于一些由于自然环境等因素的影响平时进行交流的机会比较少的民族，民族传统体育活动的重要性更能体现出来。比如由于受到放牧习惯的影响，蒙古族人民居住地之间的距离一般比较远，而著名的"那达慕大会"则为他们提供了见面交流的机会，蒙古族人民非常注重那达慕大会，往往全家盛装打扮出席。

我国是一个少数民族众多的国家，加强民族团结对于增强我国人民的民族凝聚力具有重要意义。新中国以后，国家认识到民族传统体育的文化价值和在增强民族凝聚力上的重要作用，开始着手开展对民族传统体育的保护工作，开始挖掘、整理、保护和发展民族传统体育。从1953年我国开始举行全国性质的少数民族传统体育形式的表演大会，到2015年为止，共举行了九届少数民族传统体育运动会，目前已经形成惯例，每四年举行一次。运动会上，汉族、回族、蒙古族、彝族、瑶族、布依族等几

十个民族在一起相互竞技、相互交流、相互促进。国家为各民族提供交流的机会,除了要展现各组人民的竞技技能,发展民族传统体育,更深层次的目的在于促进各民族之间的交流,打破民族隔阂,增强各民族的认同感和自豪感,增强中华民族的凝聚力。

(二)促进民族经济的繁荣与发展

1. 促进体育行业的发展

民族传统体育虽然从本质上讲是一种文化产品,但是社会文化能够反作用于经济,因此民族传统体育也能促进社会经济的发展,其中最明显的就是促进体育行业的发展。举办一场体育活动需要大量的专业器材、专业服饰和专业设备,平时的练习过程也需要消耗大量的产品,需求的增长促进生产的增长,民族传统体育活动带来的需求能够有力地促进体育用品生产的繁荣。除了需要消耗体育用品,民族传统体育的流行还能吸引更多的人参加到这项运动中,对教学、练习场地的需求也会增加,大量的武术、拳击等项目的专业场馆如雨后春笋一般出现,增加场地的同时,教练等相关人员的增加对于促进就业也有帮助。

2. 促进旅游业的发展

伴随着旅游业的繁荣发展,人们开始寻找更多的旅游卖点,民族传统体育活动以其独特的民族特性,成为旅游业的新宠,受到国内外大众的关注。许多地方将民族传统体育活动作为展现当地生活和习俗的方式,向外进行"文化输出"的同时又获得可观的经济效益。比如河南省将本土的少林功夫作为卖点,举办国际少林武术节,吸引着来自世界各地的武术爱好者前来参加,实现了传播文化和带动经济发展的双收益;还有山东潍坊以放风筝这个体育项目为基础,从 2012 年开始每年举办国际风筝节,一次风筝节销售风筝 20 多万只,2012 年结合风筝节举办经贸活动,7 天成交总额达 1.7 亿元,技术合作项目合计 100 多个,同美国、日本、荷兰、瑞士、奥地利、新加坡等国家签订了多项协议,以新的卖点带动了当地旅游业的发展。①

---

① 杨建成. 民族传统体育发展研究[M]. 南京:河海大学出版社,2015.

3. 减轻国家医疗负担

体育活动的普及具有增强人民体质,提高人民健康水平的作用,民族传统体育也具有同样的效果。我国的民族传统体育中有很多根据传统哲学、中医等创建出的项目,比如五禽戏、八段锦、六字诀等,这些体育项目具有非常好的养生效果,也吸引着现代人的目光。为了发扬民族传统体育,让民族传统体育项目走进更多人的生活,一些体育院校对原有的项目进行了改进,使其更适应现代人的生活。比如武汉体育学院就非常重视对民族传统体育项目的保护和发掘工作,在查阅大量资料和进行多次实际操练之后终于整理出较为完整的五禽戏和八段锦,在全国推广,供广大民族传统体育爱好者和养生爱好者锻炼;江苏师范大学体育学院民族传统专业的学科组对传统的五禽戏加以改进,创编出了更符合现代人生活习惯和体质的"五禽操",等等。这些民族传统体育项目既能够锻炼身体,相对来说强度也不大,非常适合体质弱和上了年纪的人群锻炼,对于改善体质、强身健体有非常好的效果。通过加强体育锻炼,国民整体身体素质得到提高,这对于减少医疗需求,减轻国家的医疗压力有非常积极的作用。

(三)促进民族文化的发展

文化是民族凝聚力和创造力的重要源泉,想要增强各族人民的民族认同感和对增强对中华民族的的凝聚力,保护传统文化成为一件十分需要重视的事情。

民族文化是我国各民族在其历史发展过程中创造和发展起来的具有本民族特点的文化,包括物质文化和精神文化。民族文化反映该民族历史发展水平。不同地域、不同的民族生活习惯是不相同的,因而其文化也各不相同。我国是一个非常需要重视民族团结的国家,为了促进各民族和谐发展,显示对各民族的尊重和重视,制定了一系列保护民族文化的措施。比如我国设立民族区域自治制度,允许各民族用自己的语言教学,举办本民族的节日活动等,都有利于民族文化的传承。

同样,民族体育也是民族文化的载体之一,保护和弘扬民族体育就是保护民族文化的传承和发展。民族文化是一个民族语言、思维方式、价值观等方面的总称,想要了解一个民族的人民必须要从民族文化开始。作为民族文化的重要载体,民族传统体育活动的开展,既能够加强本族人民的民族自豪感,促进民族团结,也能够加强其他民族人民对该民族的了解,促进该民族与其他民族的联系。

(四)推动国际体育与文化的交流与合作

人们常说,"民族的就是世界的"。民族传统体育作为一种带有强烈的民族特色文化特征的体育活动,很大程度上就是中国在和世界交流时的一张名片,在推进中国体育和世界体育与文化的交流中起到重要的作用。

在"全球化"之初,由于强国的强势文化输出,各国小众的民族文化感受到了被边缘化的恐慌,害怕其他国家的文化侵略带来的是民族文化的灭绝。然而随着时间的流逝,随着人们对"全球化"了解的加深,我们明白"全球化"不能只是强势文化对弱势文化的单一输出,输出应该是双向的,有特色的民族文化也应该受到保护,"全球化"也应该是这些文化向外传输的平台,让更多的人了解的民族传统文化的魅力。1982 年相关统计资料显示,我国民族传统项目达 977 种之多,其中汉民族传统体育项目有 301 项,其他各少数民族项目达 676 项,其数量和种类堪称世界之最。[①] 丰富的中国民族传统体育文化为世界体育文化注入了新鲜的血液,丰富了世界体育文化的种类。

交流的过程也是中国传统体育文化吸收外部养分的重要时机。故步自封是文化发展的一大阻力,想要获得源源不断的发展活力,就必须与其他文化进行交流合作。在世界体育的大家庭中,虽然东西方的文化结构和价值取向不同,但是中国可以学习其他国家体育文化中先进的、适合中国国情的部分,丰富中国民族传统体育文化的内涵。

二、民族传统体育的功能

民族传统体育是中国体育的重要构成部分,其功能具有非常高的精神价值和实践价值,主要包括教育功能、健身功能、娱乐功能和交往功能四种。

---

① 杨建成.民族传统体育发展研究[M].南京:河海大学出版社,2015.

（一）教育功能

教育在人类生存繁衍和推动社会进步过程中都扮演着非常重要的角色,自从人类诞生开始就发挥着重要的作用。早期人类为了抵御自然环境的侵害聚集生活,就在群体内开始了"不自觉"的教育活动,即通过身体活动的方式将狩猎方法、生活技能等传递给下一代。这种依靠身体活动进行教育的方式是早期教育的雏形,也说明了身体教育是一种非常基础但是有效的教育方式。民族传统体育的主要形式也是身体活动,但是它可以通过丰富有趣的身体活动将体育中蕴含的文化内涵传递出来,在儿童启蒙、审美情趣、价值观念等方面都具有重要价值。

民族传统体育的教育功能在古代的朝廷考核制度上有非常明显的表现。西周时期,人们选拔人才的标准为"六艺",所谓"六艺"指的是礼、乐、射、御、术、数六种技能。这其中的射、御两种技能属于武术的范畴,也就是我们所说的体育教育。唐朝的时候,朝廷开始实行武举制度,这在客观上提高了体育的地位,促进了体育教育的发展。体育教育在历朝历代都是一项必不可少的教育内容,虽然朝廷对其重视程度有所不同,但是总体上随人才的要求都是要"德才兼备",朝廷的重视是体育教育发展的重要动力之一。

体育的教育功能在现代社会也发挥着其重要的作用,被国家当成重要的教育手段之一。20世纪80年代,民族传统体育学成为我国高等教育体育学下最重要的学科之一。1985年5月27日,教育部发布《中共中央关于教育体制改革的决定》,其第一条指出"教育体制改革的根本目的是提高民族素质,多出人才、出好人才"。现阶段人才的标准是德、智、体、美、劳全面发展的复合型人才。体育作为人才合格标准之一,历来受到国家的重视。1997年经国务院学位委员会和原国家教委批准,民族传统体育学被确定为一级学科"体育学"下属的4个二级学科之一,并形成以武术为主体,包括传统体育养生和民族民间体育在内的民族传统体育学科体系;1998年国家教育部颁布新修订的高校本科专业目录,又将武术专业拓宽为民族传统体育专业,成为新设本科专业之一。民族传统体育进入高校教学体系,充分显示了其教育功能。

(二)健身功能

本着对长生不老、延年益寿的追求,养生健身成为我国民族传统体育的重要目标之一,养生文化更是举世闻名。传统体育的养生功能之所以能够历久弥新,少不了历代专家学者的研究和创新。比如战国时期就有人专门针对养生创建了"导引之术";汉代的《导引图》是比较早的图文记载,以图例和文字说明了导引养生的方法;神医华佗总结前人的养生经验,结合自己的行医实践,根据人体的特点创造性地创编了"五禽戏";宋代医家根据人体运动规律创编出"八段锦"。实践证明练习"五禽戏"和"八段锦"对人体的健康具有非常独特的功效。武术、太极拳和气功也是民族传统体育中具有代表性的健身运动。

新中国成立以后,党和国家认识到改善人民的身体健康状况是一个非常重要的民生问题,于是在全国范围内提倡百姓进行体育锻炼,毛主席还提出了"发展体育运动,增强人民体质"的口号。但是由于受到资本主义国家的封锁,我国能进行交流的国家非常少,建交的大都是和中国一样体育发展落后的国家,因此寻求外部交流的道路被切断,我国开始从内部寻求体育运动的发展。民族传统体育成了我国体育发展的重点,通过各方面的努力,组织民族传统体育方面的专家,调查和整理出将近1000个民族传统体育项目,初步摸清了我国民族传统体育的基本脉络。这些项目包括蒙古族的赛马、摔跤、射箭;藏族的赛牦牛;回族的拔河、踢毽子;苗族的划龙舟、荡秋千;壮族的投绣球;满族的滑冰;朝鲜族的跳板;布朗族的藤球;汉族的太极拳、龙舟竞渡、秧歌、风筝、气功,等等。① 种类繁多的民族传统体育极大地丰富了全国人民的体育生活,人民的身体素质水平有了显著的提高。国家还在全国上下推广"易筋经"和"八段锦"供百姓锻炼,让更多的人民感受到了体育运动的益处与快乐。

(三)娱乐功能

游戏和娱乐是人们的本性,人们在生存需求达到基本满足之后便会开始追求游戏和娱乐,以从中得到乐趣和快感。有研究表明,早期人类

---

① 杨建成. 民族传统体育发展研究[M]. 南京:河海大学出版社,2015.

能从他们的身体活动,最明显的是狩猎活动中,得到极大的快乐,这也就为后来他们发明体育活动以供休闲娱乐提供了合理的解释。我国的很多传统民族体育最开始是从日常生活和劳作中提取出来的,人们截取能够从中获得心理快感的部分加以改动,这样就能在进行体育运动的时候重新体验当时的情景和快乐。

传统民族体育中有许多娱乐功能明显的项目,比如带有一些杂技性质的踢毽子、抖空竹、荡秋千、翘板、冰嬉、橡皮筋等。还有一些早期带有军事功能的项目,在漫长的发展过程中也顺应了人类追求娱乐的本性,比如军事搏斗动作的角抵,后来被加入了舞蹈动作,成为戏曲艺术的雏形;原本用于军事训练的蹴鞠,后来被编撰成了蹴鞠舞。[1] 许多民族传统体育活动都是在诞生的时候就已经和生活和劳作功能区别开来,向着符合人类娱乐欲望的方向发展,最后发展成为具有鲜明娱乐特色的项目。

现代社会,随着科技的进步和人民生活水平的提高,人们对娱乐的追求进一步提升。民族传统体育活动以其独特的民族文化特征,吸引着不断追求新娱乐种类的人们的目光。民族传统体育的娱乐性质不仅能够体现在参与的人们身上,很多项目还具有很强的观赏价值,能让观赏者也能体味到其中的乐趣。种类众多的民族传统体育正在以其特殊的健身娱乐于一体的优势,成为人们满足自我的重要娱乐方式。

(四)交往功能

现代社会,体育项目呈现出多功能化的特点,在传统的强身健体的功能上又发展出一系列更符合现代生活的功能。如过快的生活节奏和对于电子产品的过度依赖压缩了人们的交往时间,体育活动休闲的特点使之成为人们交流的好机会,所以交往功能也成为体育活动的重要功能之一。

1. 个人交往

人们可以通过体育活动提高自己对社会的适应水平。首先,进行体育运动需要一定的学习能力,学习的过程也是师生关系和同学关系建立

---

① 周伟良.中国传统体育概论高级教程[M].北京:高等教育出版社,2003.

的过程,人们可以在这个过程中培养与别人建立并保持关系的能力,获得自我成长。其次,体育活动往往能够使我们接触到更多的人群,为我们认识新的伙伴提供了机会。再者,结伴而行是人们在参加体育活动时表现出的一个显著特征,体育活动的本质是休闲活动,参加体育活动为人们提供了与亲人朋友交往的时间和空间。

2. 国际交往

体育的交往功能不仅体现在个人交往上,在国际关系上,体育活动也能展现出其强大的交往功能。比如20世纪的"乒乓外交"就是一个利用体育活动进行国家交往、改善国家关系的成功范例。20世纪70年代初,中美双方派出乒乓球代表队进行相互访问,这是僵持的两国对彼此态度的一个试探。最终,本次乒乓外交让两国看到对方的友好态度,成功缓和了两国的关系,恢复了两国人员的往来。1972年2月21日,在"乒乓外交"的推动下,尼克松总统对我国进行了访问,开启了很长时间内中美关系的"蜜月期"。体育是被全世界承认的主题,能将全世界的各个国家通过体育活动的形式联系在一起。同时,体育活动又具有休闲、不严肃的特点,可以作为民间活动加紧国家之间的联系。

同样,民族传统体育具有体育的一切特征,其交往功能也对中国建立与其他国家的友好关系发挥了重要作用。比如在李小龙、成龙等众多人士的推动下,中国功夫已经成为中国在世界舞台上的一个招牌。以少林武功为例,自少林武僧团成立以来,在全世界进行过多场演出,将中国的武术文化带到全世界,并且取得了世界各国人民的喜爱。受到武僧团表演的影响,普京的女儿也对少林功夫产生了浓厚的兴趣。2006年普京带着他的两个女儿以私人的名义来到了中国,还对少林寺进行了访问。民族传统体育中蕴含着的独特的民族传统文化,正在吸引着更多国际目光关注中国。

第四章　全球化视野下学校民族传统体育文化的传播与发展研究

发展至今,民族传统体育文化已经取得了良好的发展成效,民族传统体育文化的传播与发展的普及程度越来越高,其传播与发展的途径和方式也越来越广泛,其中,学校在民族传统体育文化发展的主要路径之一,也是保证其可持续发展的重要方式。尤其是在全球化发展的视野下,学校民族传统体育文化的传播与发展显得尤为重要。为了对此有更加全面且深入的了解和把握,本章对我国学校民族传统体育的发展现状与问题进行了分析,对学校民族传统体育学科理论体系的建设进行剖析,最后,则对学校民族传统体育课程资源的开发与利用进行了探索。

第一节　我国学校民族传统体育的发展现状与存在问题分析

一、我国学校民族传统体育的发展现状分析

经过不断的发展,我国民族传统体育在学校中已经取得了良好的发展成效,成为学校体育的重要内容。

近年来,随着全球化、信息化发展的不断推进,我国民族传统体育在发展的同时,也受到了西方体育文化的强势冲击,甚至对我国民族传统体育的本质造成了一定的影响。同时,学校作为知识和技能传授的重要基地,其在体育教学的内容方面是不断丰富和充实的,同时,为了满足学生的兴趣,一些新兴的体育项目被引入学校,比如特征鲜明的定向越野、瑜伽、攀岩等,而这些体育项目的引进在一定程度上削弱了民族传统体

育独特的文化特征与内涵。再加上传统民族体育课程内容匮乏、项目单调、组织形式陈旧、自由选择程度低等劣势的存在,导致很多学生在这方面兴趣程度较低,导致很多学生对民族传统体育的了解都非常表层,这就制约甚至阻碍了民族传统体育的发展进程。由此可见,最大限度地保证民族传统体育文化底蕴的输出,是促进民族传统体育发展的必要条件。①

关于我国学校民族传统体育的发展现状,可以进行进一步的具体分析,从以下几个方面得到体现。

(一)教学理论状况

当前,我国民族传统体育在整个学校体育教学中所处的位置还不算理想,这与多方面因素有关,所受到的重视程度也比较低。

1. 缺乏领导关注

学校的上级领导部门对学校开展民族传统体育教学的关注程度比较低,在具体的教学实施过程中缺乏必要的支撑和管理,尤其在对学校民族传统体育的人文关怀方面较为缺乏,从而一定程度上削弱了当前学校的民族传统体育应有的文化感染力和学科价值,同时,这也对学校民族传统体育课程资源的开发产生了一定的制约作用。

2. 缺乏学校体育工作者的重视

由于各级学校、体育工作者,其在自身主观上就对民族传统体育的认可度较低,从而导致他们对民族传统体育的重视程度就很低。

(二)课程设置状况

由于民族传统体育进入学校体育教学中的时间还不算长,因此,当前我国民族传统体育项目教学只是处于发展的初级阶段,由此所表现出的课程设置方面的特点可以大致归纳为以下几点。

---

① 王彩霞.民族传统体育在高校校园文化建设中的融合与发展[J].汉字文化,2020(18):177-178+196.

1. 各校对民族传统体育重视程度不够

由于不同学校所开设的教学内容不同,对这方面的重视程度也各不相同,那些重视民族传统体育教学的学校,在课程设置上也是尽可能地将民族传统体育项目教学的地位体现出来,采取的通常是必选课的形式。但是,大部分的学校在我国民族传统体育教学方面是不够重视的,课程设置方面也有所体现,课程设置的形式主要为选修课,课时无法得到保证。

2. 各校采用不同的授课形式

那些开设民族传统体育课程的学校,在授课形式上也有显著差异,比如,一些学校在进行课程设置时,强调突出专项。还有一些学校则以各单项俱乐部的形式进行民族传统体育项目的教学,其中,也将民族体育俱乐部和课外休闲体育俱乐部等纳入学校民族传统体育教学的范畴中。

3. 各校对学生主体地位也有不同的关注重视

一些学校在设置民族传统体育课程时,通常是从自身的角度出发,开设一些较容易开展教学,对体育场地器材等要求较低的运动项目,而没有考虑到学生的兴趣和喜好。这与学生是学校体育教学的主体这一客观条件是不相符的。因此,这就要求各校在设置民族传统体育课程的教学内容时,务必体现出学生的主体性,围绕着学生的兴趣和需求来选择和确定教学内容。

(三)教学内容状况

调查发现,绝大部分的学校中都是开设了民族传统体育项目的相关课程的,但是,没有开始民族传统体育项目的相关的任何课程的学校也仍然存在。其中,已经开设民族传统体育课程的学校所涉及的相关教学内容的情况分析如下。

我国目前民族传统体育课程所涉及的教学内容还是相对比较单一的,武术类项目是主要的教学内容,在民族传统体育课程教学内容中占据绝对的主要地位,除此之外,养生功法类、民俗体育类和民族体育类所

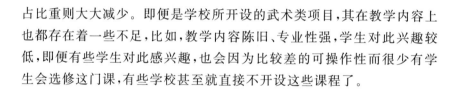

占比重则大大减少。即便是学校所开设的武术类项目,其在教学内容上也都存在着一些不足,比如,教学内容陈旧、专业性强,学生对此兴趣较低,即便有些学生对此感兴趣,也会因为比较差的可操作性而很少有学生会选修这门课,有些学校甚至就直接不开设这些课程了。

(四)教学模式状况

民族传统体育进入学校之后,采取的通常是教师示范教学,学生对教师的行为进行模仿的教学模式。一般来说,示范教学模式的适用范围主要为学校教育发展初期,由此,能够为教师教学工作的开展提供一定的帮助,同时,对于学生对民族传统体育相关知识和技能的掌握也有积极影响。

由于受到社会发展的影响和带动,学校教育改革也如火如荼地开展起来,受此影响,民族传统体育教学模式有所改进,但是,仍然存在一些问题,这对于学生的学习效率和学习目标的实现都不利。

(五)体育教材状况

关于民族传统体育教学所用到的教材,其来源的多元化的,比如,统编、本校自编、统编自编相结合、其他学校编写等。但调查发现,自编或与他校的合编教材是大部分学校体育教材的主要来源,也有小部分学校用到的是自编教材。

(六)师资水平状况

尽管民族传统体育的产生时间非常长,但是,进入学校在时间却非常晚,在专业教师的培养和培训方面较为欠缺,由此便导致了当前民族传统体育教师普遍存在着专业性不高的情况,相较于其他运动项目,民族传统体育方面的师资力量往往较为匮乏。

关于民族传统体育师资状况,大致可以归纳为以下两点。

一方面,民族传统体育教师在教学经验上往往是不足的,尤其是在教学经验方面,较为缺乏。

第二,民族传统体育教师的专业水平较低,这是普遍现象,主要原因在于,很多学校民族传统体育的授课教师往往是体育专业或者其他运动项目的毕业生或者教师转过来的,并非专业出身,因此,这也就导致了教师对民族传统体育项目的了解非常少,专业水平相对较低。

教师作为体育教学中的主体之一,具有非常重要的主导作用,其专业水平和教学水平的高低,往往直接影响着民族传统体育教学的发展状况,因此,必须重视民族传统体育教学的师资力量的建设,从而实现学校民族传统体育的长期、可持续发展。

(七)场地设施状况

相较于其他体育教学内容,我国民族传统体育教学的体育场地建设是不理想的。究其原因,一方面,是学校对民族传统体育的重视程度不够;另一方面,学校在体育教育教学方面的专项资金有限,而这些资金则主要用于田径、足球、篮球等普及性和受重视程度较高的运动项目上,即便是竞技类的民族传统体育项目,其也很少得到资金支持。因此,民族传统体育场地这一重要硬件设施的完善往往被学校忽略掉。

目前,大部分学校已经建设了高标准的体育馆、体育场所,但民族传统教学场地的建设仍然是一个空白。民族传统体育教学活动的开展仍然是随意的,比如,武术教学通常是在露天场地上进行的,毽球教学通常会在羽毛球场地上进行,这些现象都对民族传统体育项目的普及和发展造成了阻碍,同时也限制了学生参与的兴趣和积极性。

二、我国学校民族传统体育发展中存在的问题分析

通过对我国学校民族传统体育发展现状的分析,可以将其发展过程中存在着的一些制约其发展的问题剖析出来,大致可以归纳为以下几点。

(一)缺乏健全的理论体系

不管是什么样的教学活动,其都需要在一定的理论知识储备的基础上进行,因为必要的理论指导是实践开展顺利进行的重要保证。我国民族传统体育理论体系的发展相对较为滞后,理论基础也比较薄弱,有关其他传统体育的研究项目的理论严重缺乏,现状亦不容乐观。

除此之外,由于民族传统体育方面的专门教材和专著较少,教学训练方法理论方面科学性和系统性欠缺。截至目前,关于传统民族体育教

育是否应该建立起一套完善的课程体系,学术界仍然存在着较大的争论,要想统一,难度很大。经过不懈的努力,我国学校民族传统体育学只是初步确定了框架和门类,成熟的理论指导、整套概念、研究方法等方面仍然非常缺乏。作为一门交叉的学科,民族传统体育涉及的学科与范围很广,这就赋予了其一定的复杂性特点。因此,某种意义上,其发展较为落后的一个重要原因就是没有建立起系统的科学体系,没有一套健全的理论体系做基础的指导。①

(二)改革目标不明确

当前,在这个不断改革的发展进程中,不管是经济发展还是体育教育,都取得了一定的改革成效,学校体育教育也不例外,但是,在学校民族传统体育教学方面,却仍然存在着一些不足,比如,缺乏明确的改革目标,以运动技术为中心的旧课程体系仍占主导地位。

学校民族传统体育是我国民族文化和传统体育的重要组成部分,对学生的素质教育具有非常重要的促进作用。其所取得的教育成果以及改革成效主要表现为:突出了学生体质和健康第一作为教学的指导思想的增强,但是同时,其也将学校民族传统体育发展中的一些问题反映了出来。

(三)缺乏明确的专业课程指导思想

当前,尽管很多学校中已经开设了民族体育课程专业,但是开设此专业的目标和宗旨仍然处于不太清晰的状态。民族传统体育教学活动的开展的目的和宗旨包含的范围应该更广泛,某种意义上,可以将其理解为是我国传统文化的传承和弘扬。民族传统体育的博大与精深在较大程度上体现在其拥有丰富的文化底蕴。如果将中华民族的传统文化这一深厚的基奠抛开,那么,民族传统体育只能是单纯的一项体育技能。

(四)无法摆脱原生形态

目前,我国大部分学校已经开设了民族传统体育的相关课程,但是,

---

① 杨乐桂.浅析高校民族传统体育发展困境与对策探析[J].文体用品与科技,2019(20):148-149.

总体上来说,其发展速度是较为缓慢的,并且大多数学校对民族传统体育的教学形式只限于课外活动,这就将民族传统体育无法原生形态又凸显了出来,从而导致学生放弃民族传统体育项目,而转向了时尚性较强的现代体育运动项目。

我国民族传统体育的产生与发展与原始的社会形态有着非常密切的关系,原生形态或次原生形态的烙印深刻,部分传统体育项目至今还带有浓郁的文娱色彩,这些项目也在一定程度上与舞蹈、杂技、祭祀等混为一体。如果仍然采用课外活动的教学形式,是不利于民族传统体育在现代社会的进一步发展和普及的。

(五)专业培养目标不明确且落实不理想

随着体育教育改革的不断推进以及素质教育的实施,民族传统体育专业的学生培养目标也在发生着不断的变更,这也反映出了教育界对学生培养方式的不断探究。要想将民族传统体育学科的属性反映出来,就必须有明确的培养目标和科学合理的课程设置。合理的学科划分是专业设置的指导,也是学科发展的根基。

目前,民族传统体育专业的学生所采用的主要是老式的专才型培养方式,从整体上来说,与社会发展的同步性较差,能培养复合型人才的学校数量较少。

调查研究发现,当前民族传统体育专业人才的培养方向主要还是放在武术方向和养生理论方向,对民族传统体育学其他技术项和理论的涉猎较少,尤其是在少数民族传统体育方向上。由此可以看出,学校民族传统体育要想得到可持续性的发展,不仅要确定下来明确的培养目标,还要将其落实到教学实践中。

(六)教学经费投入有限

我国体育事业的发展,与民族传统体育有着密切关系,后者是前者的重要基础,也是体育事业发展的重要基石。党和国家以及有关教育部门对学校民族传统体育的重视程度不断提高,并且相关部门已经出台了民族传统体育发展相关的政策和措施,来有效推动我国学校民族传统体育教学工作的开展。但是,实际上,现阶段我国各界对学校民族传统体育教学的支撑往往只停留在理论层面,在具体的实施方面仍然是欠缺的。

我国在学校教育方面的资金投入是非常有限的,这就成为对学校体育场地、设施、器材等的建设产生制约甚至阻碍作用的主要因素。在很多学校,推进学校民族传统体育教学只是一句空口号,学校民族传统体育缺乏专门的场地、没有专业的教学器材和设备,民族传统体育只是作为课外活动内容来进行。这也反映出了一个非常显著的问题,即我国学校民族传统体育仍然没有得到应有的重视。

(七)竞赛开展情况不佳

关于学校民族传统体育的发展方面,通常只会想到教学方面,却往往将学校民族传统体育的竞技性忽略掉了,民族传统体育作为体育的一个部分,其也是需要在一定的竞赛中去实施的,从而检验教学效果。但是,通过调查发现,除个别项目外,其大部分项目技术都存在着各种各样的问题,这就一定程度上制约了民族传统体育竞赛在学校的开展与发展。

一般情况下,我国不同地方官方开展的各级、各类体育竞赛通常都是以西方竞技体育项目为主的,包括三大球和田径项目、游泳等项目的比赛,其示范和激励效能使各校仅热衷于开展对应的比赛项目。而民族传统体育相关的赛事则少之又少,各民族传统体育项目的单项比赛或校内、校际间的比赛太少,使师生缺乏参与民族传统体育运动的积极性,造成各学校民族传统体育教学的开展并不乐观。

第二节　推动学校民族传统体育学科
理论体系的建设

一、学校民族传统体育学科理论体系的基本特征

(1)民族传统体育学科理论体系,从浅层意义上来说,其是对客体进行简单的分类与外在的描述;从深层意义上来说,其是对民族传统体育的内在联系和深层次的规律深入的揭示。

（2）民族传统体育学科理论体系,实际上就是一种用以说明事物本质特征的抽象体系。

（3）理论体系是内在联系、规律性方面对民族传统体育运动变化的深刻揭示的客观机理,因而,其作用可以体现在对事物变化的揭示上,也可以体现在对民族传统体育未来发展的预见上。

（4）民族传统体育在民族传统体育学中是重要的组成部分,处于核心地位,其在该学科体系中会用于与其他组成部分连接的重要纽带。[①]在整个概念体系中起着统摄的作用。

二、学校民族传统体育学科的基本理论框架

作为体育学下一门独立的学科,民族传统体育有其自己的理论体系。在我国传统民族体育学科体系建构过程中,理清其内部框架结构至关重要,尤其对于这门学科整体价值的提升也是有所裨益的。

一般来说,民族传统体育学科体系可以分为三个层次,每一个层次又包含了相应的一些内容。民族传统体育学科体系的基本框架见图 4-1。

（一）宏观层次

民族传统体育学科理论框架中的宏观层次,所包含的内容主要为民族传统体育概论,也就是所谓的基本理论概述方面的内容。

通过对民族传统体育学科理论框架中的宏观层次这些内容的了解和掌握,能够起到积极引导学生充分认知民族传统体育的内涵及价值等的显著作用。某种意义上,可以将基本理论知识系统看作是民族传统体育教学的起点和基础。

（二）中观层次

民族传统体育学科体系中的中观层次包含的内容主要为实践类方面的理论与实践,其主要涉及三种类型,即技击壮力类、养生健身类、休

---

① 倪依克. 民族传统体育学学科理论体系的研究[J]. 体育科技文献通报,2006(07):83-84.

闲娱乐类。

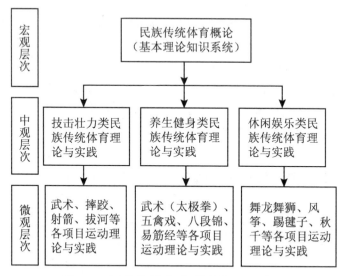

图 4-1 民族传统体育学科体系示意图

通过对民族传统体育学科体系中中观层次内容的了解和把握,能够有效引导学生进行实践和探索,这对于学生的实践能力以及自身素养的提升都是有帮助的。

(三)微观层次

民族传统体育学科的微观层次所包含的内容主要为相关的一些项目,其是从中观层次中进一步细化而成的。如摔跤、太极拳、踢毽子等传统体育项目课程的开设,能够积极引导学生在实践演练中不断提升自身的体育素养和自身能力。

三、学校民族传统体育学科理论体系的内容

(一)健全学科体系,丰富文化内涵

一方面,在现代科学技术不断迅速发展的推动下,应用于体育教学的科学技术越来越先进、越来越多,民族传统体育也成为受益者,比如,

完善的民族传统体育研究的学科体系的建立就是重要体现。

另一方面,民族传统体育教学具有一定的综合性和复杂性特点,涉及的内容较为广泛,鉴于此,就要求不同领域的学者进行合作研究,民族传统体育教学工作者坚持用严谨的科学态度和方法对民族传统体育进行甄别、选择和分析。

上述两个方面都能够很好地将民族传统体育学科体系的建立与完善体现出来。

当前,通过对民族传统体育文化内涵的深入剖析,能较为充分地了解民族传统体育的本质特征,在此基础上,用现代的理论来进一步诠释民族传统体育中一些古老的命题,赋予其新的内涵、新的意义,再与现代体育的组织形式相结合,进一步整合民族传统体育,这对于我国民族传统体育的真正复兴和发展也会起到积极的促进作用。[①]

(二)强调终身体育,推进课程改革

体育教育,对于学生而言,其具有多重目的性,如强身健体,培养"终身体育"意识等。"终身体育"思想的形成,能够有效促进学生良好体育健身习惯的养成,有助于身心全面发展,以及和谐的人际关系的形成。因此,始终贯彻"终身体育"思想来开展和发展民族传统体育教育有着非常重要的现实意义。

由于民族传统体育纳入学校体育教育的时间比较晚,再加上所受到的重视程度不够,这就导致了我国民族体育教学课程建设的完善程度比较低。发展一些体育健身俱乐部,对于增加学生进行民族传统体育学练的时间是有利的,同时,也有助于学生扎实地掌握锻炼方法以及确保民族传统体育在学校中的开展效果。

从某种意义上来说,推进我国民族传统体育教学课程改革是有着极高的重要性和必然性的,这在激发学生的学习兴趣、促进民族传统体育的发展、加强不同学校的民族传统体育教学特色等各个方面都有所体现。

---

① 毛矔.全球化浪潮下民族传统体育的生存与发展之道[J].贵州民族学院学报(哲学社会科学版),2003(4).

(三)加强教材建设,不断丰富内容

学校中教育教学活动的开展,都是在借鉴相关教材的基础上进行的,可以说,教材是教育的重要物质基础。教材的科学性和系统性,往往一定程度上决定着教学效果,因此,加强教材建设刻不容缓。

目前,我国各学校所实施的都是国家教委、体育总局组织专家编写的全国统一的民族传统体育教材。加强民族传统体育教材的建设,创编优秀民族传统体育系列教材,是有助于我国民族传统体育文化的传承和发展的。具体来说,加强民族传统体育教材建设工作,要做到以下几点要求。

(1)要进一步提升民族传统体育教学教材编写的科学化和系统化水平,并有所创新。

(2)将那些具有浓郁地方特色的民族传统体育及民族体育积极纳入到学校民族传统体育教学的范畴中,将其民族性特点凸显出来。

(3)进一步提升对我国民族传统体育的国际化发展的重视程度,可将具有代表性的项目编写成双语教材,大大提升我国民族传统体育在世界体育文化中的地位。

(四)重视人才培养,增进文化传承

任何事物的发展和文化的传承,都需要人的操作,因此,人是最基本的保障,人才的培养是最为基础、最为重要的事情。

当前,我国民族传统体育教育普遍存在着人才紧缺的情况,且这一情况较为严重,这就制约甚至阻碍了我国民族体育事业的发展。因此,要求各地区相关部门要从自身出发,有计划地培养一大批民族传统体育干部、骨干和教师,与此同时,还要采用多渠道、多形式的方法培养不同层次的专项人才,奠定人才基础。

四、科学建设学校民族传统体育学科体系

(一)正确选择并合理运用研究方法

要建设好学校民族传统体育学科理论体系,一定要借助相应的一些

研究方法,这是必不可少的重要因素。常用的研究方法可以大致分为研究技术、具体方法、方法论。其中,方法论在整个研究过程中都会有所涉及,而研究技术、具体方法只在实际操作中才会用到。因此,这里主要对方法论的层次加以细致分析。

1. 整体论方法

所谓的整体论,就是指任何实体都具备自身不同组成部分总和的存在价值与状态。

在学校民族传统体育学理论体系的建设中运用整体论方法,能够使本学科中的一些较为狭隘的定性思维方式得到突破,从而将学科体系的建设工作纳入人类科学文化的广阔发展环境中,以新思想、新思维来建设和发展民族传统体育学科体系。

2. 文化相对论方法

在整体论中,文化相对论重要组成部分之一,通过文化相对论,能够从文化的特定内容中,对其他种族的风俗及信仰有所了解。

在学校民族传统体育学科体系的建设过程中,借助于文化相对论方法,能够在文化差异方面的研究过程中获得相对正确的答案。

3. 实地研究考察方法

实地研究考察,实际上就是一种前往实际地点展开素材收集的方法。理论是在实践中而来的,因此,要做好学校民族传统体育学科理论体系的建设工作,首先要走到民族传统体育活动的实践中去,并且通过大量典籍、书籍、文献中相关资料的查找和收集,积累一定量的素材,然后将这些收集好的有效素材系统地叠加到一起,总结、抽离出其中的理论。实地研究考察这一研究方法在学校民族传统体育的学科理论体系的建设过程中是不可或缺的重要方面。

(二)科学构建合理的基本学科框架

和其他的理论与文化一样,民族传统体育文化的建立也需要一定的基础,这也一定程度上为学校民族传统体育学科体系基本学科框架的建立奠定了坚固的基石。

具体来说,其基本学科框架所包含的内容可以大致分为两个方面。

1. 基础理论

从民族传统体育的角度来说,基础理论包含的内容较为丰富,其中,较为主要的有:文化价值、基本特征、概念体系的研究,该学科和经济、政治、宗教、民俗、民族文化等方面的关系,民族传统体育的内在规律就是其继承、变异、传播、流行等。除此之外,少数民族的体育、民间体育、导引养生、我国武术史、体育美学、体育史、民俗学、民族学等这些与民族传统体育学相关的一些学科知识也属于这一范畴。

2. 研究与应用

在基础理论的基础上,研究与应用这一实践活动才能得以开展。由此,能够达到妥善处理民族传统体育与其他活动时间的关系,积极促进全民健身战略与民族传统体育的有机结合,与此同时,还能有效提升学校民族传统体育开展的顺利与合理性。一般地,民族传统体育体系的研究与应用的内容也较为广泛,不仅涉及体操、田径等基础运动项目,还有运动力学、运动医学、运动生理学、运动解剖学、基础中医学、运动训练学、体育营销学、体育经济学等其他相关的学科知识。

(三)有效设置相关学科的主要专业

将民族传统体育纳入学校体育教育的范畴中,可以借助的途径有很多种,其中,较为直接且有效的途径当属民族传统体育专业的设置。[①]

当前,尽管大部分学校中都设置了民族传统体育相关专业,但是,该专业具体包含的内容却各不相同。其中,武术是这些开着民族传统体育专业学校中主要的教学内容,其他民间体育、传统养生等相关的内容则处于次要地位,其他方面的项目则极少。但是,我国民族传统体育项目众多,上千种之多,这些被纳入民族传统体育专业内容的项目只是其中非常小的一部分。鉴于此,就需要在设置民族传统体育学科的专业时,一定要着眼于更加广阔的领域,统筹兼顾,涵盖民族传统体育其他的内容。所设置的民族传统体育学科的主要专业应包含少数民族体育、汉

---

① 孙秋燕. 民族传统体育学科体系的建构探讨[J]. 文体用品与科技,2019(06):72-73.

族民间体育、养生、武术等多个方面。

(四)要对体系的指导思想进一步优化与完善

所有行为的发生,都是在一定的思想指引下进行的,尽管有时候对这所谓的思想指引没有明显的感觉,但其确是客观存在的。

在学校民族传统体育学科理论体系的建设过程中,也需要有科学指导思想来对其进行积极有效的指引,从而保证体系建设的系统性与合理性。要做到这一点,就需要首先全面了解和认识该学科体系建构将会面临的各种挑战,并且将新的理念加入民族传统体育这一学科之中,推动文化的可持续发展。因此,在进行学习民族传统体育学科理论体系的建设之时,要与社会发展情况有机结合起来,做到与时俱进,以现代化的思想来进一步优化和完善本学科理论体系,同时,还要遵循取精华、去糟粕的思想理念,让民族传统体育的学科体系的现实意义更加显著。

(五)倡导并落实学科体系建设中的创新

学校民族传统体育学科理论体系的建设,是必须具备一定的创新意识的,这是不可或缺的重要方面,因为创新会直接影响到民族传统体育学科理论体系的建设质量以及方向。①

当前,学校民族传统体育的发展还处于初步的发展阶段,对专业人才的需求较大,因此,为了与之相适应,创新学科体系就需要加强落实了,从而对人才进行创新性培养,提高民族传统体育的学科体系的科学化程度。从物质和精神两个方面入手,来大力支持民族传统体育学科建设的研究人员工作的开展,为新时代民族传统体育学的建立与完善发展创造良好的条件。② 要做好民族传统体育学科领导者的选拔工作,创建高水平的教学团队,发挥人才以及团队所具有的优势,保证民族传统体育学科理论体系的顺利建设。③

与此同时,在民族传统体育有关项目的创新投入方面也要进一步加大力度。

---

① 郝亮,梁晋裕. 民族传统体育学科建设理论与方法探析[J]. 运动,2015(13):80-81.
② 贾清兰,王晓飞. 新时代民族传统体育学科建设模式与体系优化研究[J]. 贵州民族研究,2019,40(02):90-93.
③ 郝亮,梁晋裕. 民族传统体育学科建设理论与方法探析[J]. 运动,2015(13):80-81.

第三节 加强学校民族传统体育课程资源的开发与利用

一、学校民族传统体育课程资源开发与利用的必要性

学校民族传统体育课程资源的开发与利用工作势必要开展,其必要性主要体现在以下几点。

(一)是体育教育创新的要求

在体育事业和教育事业的不断发展和改革过程中,体育教育受到不断的推动,也获得了一定的发展。对于学校民族传统体育课程资源创新来说,其已经成为学校体育教育改革与创新的必然要求。

从当前的形势来看,学校体育教育创新的实质在于,在培养创新精神和创新能力这一价值取向的引导下,对学生的创新潜能进行充分挖掘,同时大力弘扬人的主体精神、促进人的个性和谐全面发展。由此可以看出,教育理念的创新性和时代性是创新教育理念强调的重点。

对于我国国家教委来说,要想对我国学校体育的发展起到积极的促进作用,积极提倡课程教改是必经之路。

(二)是传统文化教育的需要

一个民族,民族的凝聚力是其存在的重要意义,也正是因为民族凝聚力,这个民族才能得以持续发展下去,而民族凝聚力的根本则在于民族文化和民族精神。民族传统体育文化本身具有显著的崇顺自然经验、实用技艺和重视社会人伦、道德规范特点。

民族传统体育文化作为古代体育文化的优秀部分,它在很多方面仍然值得现代社会发展借鉴和学习,比如,主要的道德教化、和谐人际关系、规范行为准则等。

将民族传统体育纳入学校体育教育中,具有非常显著的意义,具体

体现在以下几个方面。

（1）是传承祖国传统文化的需要，能够使我国优秀传统文化一直传承下去。

（2）利用民族传统体育文化对学生进行传统教育。

（3）能够大力弘扬民族传统体育文化。

（4）能够作为一种重要的教育形式达到丰富教学内容的目的。

(三)急需解决自身不合理问题

当前，民族传统体育在学校中的开展越来越顺利，相关的课程教材在内容上也得到了有效的丰富和充实，类型多种多样。学校民族传统体育课程的开设与开展，离不开专业教材的应用。

民族传统体育能够将中华民族的整个思想文化充分反映出来，同时，还能与之相互作用、相互影响。目前，我国关于传统武术的教材版本各异，存在着一定的问题，这些问题对我国民族传统体育教育教学的发展产生直接的影响，再加上当前我国民族传统体育教材中存在的一些急需解决的问题，比如，教材内容较多，针对性较差；民族传统体育常用教材内容陈旧，体系的合理性较差；民族传统体育教材质量不高等，进行民族传统体育课程资源的开发与创新成为一种必然。

二、学校民族传统体育课程资源开发与利用的价值

学校民族传统体育课程资源开发与利用除了上述这些必然性之外，还与其自身的价值有着密切的关系，具体体现在以下几点。

(一)有助于全面推进学生素质教育

十九大报告中明确指出：要坚持育人为本、德育为先，实施素质教育，培养德智体美全面发展的社会主义建设者和接班人，因此，素质教育是人类社会全面发展的前提条件。[①]

在已经开设民族传统体育课程的学校中，通常都会以课改的要求和

---

① 高俊兰，黄中伟.黑龙江省高校民族传统体育课程资源的开发与利用[J].体育世界（学术版），2019（01）：90.

部署为依据,分别开设一些富有特色的民族传统体育项目,比如珍珠球、舞龙等,这些项目以其浓厚的民族文化内涵和独特的文化表现形式引入到高校体育课堂教学之中,这就将其健身性、娱乐性、趣味性和民族性等显著特点充分展现了出来,对于学生来说,他们通过学习丰富多彩、极具民族特色的传统体育项目,能够对中华民族博大精深的体育文化知识有所了解和掌握,同时,还能够有效改善他们的生理功能、心理功能及精神状态,在运动中获得乐趣和增进身心健康,这对学生的民族情感和爱国主义情操的培养也有一定的益处,因此,学校以授课的形式来提高学生自身文化修养,进而使学生逐渐养成终身体育的意识,以此达到全面提升其综合素质的目的,这对于素质教育的实施起到积极的推进作用。

(二)有助于传承中华民族传统体育文化

民族传统体育文化是从各民族早期的生产劳动、军事战争和宗教祭祀等中发源而来的,可以说,这是社会生产力极端不发达、自给自足的自然经济发展的产物,随着经济、社会的不断发展,民族传统体育在很多方面都发生了天翻地覆的变化,这主要体现在物质、制度、行为和精神文化等各个层面上,在突变过程中,传统体育项目也一直经历着消亡和传承的过程,那些符合社会发展和需求的传统体育项目被较好地传承下去,而那些不能适应当今社会发展的需要的传统体育项目面临失传和消亡的危机,因此,这就面临着在不丢失民族文化内涵和保留精华的基础上,还能把项目传承发展下去已成为当今众多学者研究的问题。

学校作为人才培养和知识传播的重要文化基地,在中华民族传统体育文化的延续中起到了积极的作用。学校进行民族传统体育课程资源开发不仅有利于相关项目的挖掘、整理、保护和推广,同时又能造就一批专研业务的民族体育探索者。

当前,很大一部分学生在民族传统体育方面存在着知识匮乏的问题,平时接触这些传统体育运动的机会也非常少,教师传统的教学形式往往会导致学生在头脑中形成一种对传统体育文化关注的思维定势。因此,开发传统体育课程资源,使之投入学校课堂教学之中已成为民族传统体育协调、稳定、可持续发展的有力手段,其对传承民族传统体育文化具有重要的现实意义。

(三)有助于增强课程的适应性和开放性

新课改以来,在三级课程管理模式中,学校开发与选用课程的作用得到进一步的凸显,并且开设了一些与本校实际状况相符、能够有效传承民族风格以及体现地域风情的传统体育项目,课程资源开发的流程、模式日渐规范。积极开发与利用地方传统体育课程资源,对大力发展地方特色体育教育事业、提高课程的适应性、弘扬与颂扬民族体育精神具有非常重要的积极影响。

对于学校管理者以及体育教师来说,首先要对学生的学习动机和心理特点有所了解和掌握,并且依托本地资源优势,开发出一些适合地方、学校特色的体育项目,从而使学生的课程资源需求得到满足,同时,也要将那些具有休闲娱乐、舒心减压、强身健体,能提高学生社会适应能力的趣味竞技引进课堂,增强学生参与民族传统体育课程教学的兴趣和积极性。除此之外,还要通过科学的加工和改造,在保留原有民族风格的同时,来进一步补充和完善项目的规则、制度,通过多种途径把一些开发价值高,趣味性强的传统体育项目融入课堂教学中,以此来达到积极有效地培养和提升学生体育能力的目的。

三、学校民族传统体育课程资源开发与利用的途径

要做好学校民族传统体育课程资源的开发与利用工作,可以借助以下途径来进行。

(一)加大国家政策对课程改革的支持力度

由于我国民族传统体育走入学校的时间较晚,开设课程的时间也比较短,因此,这就一定程度上限制了民族传统体育教材内容的选择,鉴于此,各级管理部门应该尽可能地在政策、科研、资金等方面对高校民族传统体育课程给予大力支持,从而对这一新生课程的开展起到促进作用,也将民族传统体育在学校中的作用充分发挥出来。

(二)充分发挥出教师在课程资源创新方面的作用

教师是民族传统体育课程教学中起主导作用的主体,其综合素养和

专业水平会直接影响到课程教学效果,因此,首先要加大师资力量培训力度,促进教师教学业务水平全面提升。与此同时,还要定期高薪聘请民族体育专家学者、知名教授和民间艺人对学校体育教师教育技术能力进行专题培训,培养出一批业务精湛,创新能力强的高素质体育教师队伍。①

导致民族传统体育课程资源缺乏的原因是多方面的,其中,教师缺乏课程意识,没有真正意识到教师本身在课程资源当中的重要作用,是最为主要的原因。民族传统体育教学课的优化创新对体育教师的素养和能力都提出了非常高的要求,所以对教师积极性的调动是非常重要且必要的。要做到这一点,就要求加大对民族传统体育课程价值主体的转变、课程内容的优化组合以及课程教学中学生的过程体验。

(三)充分利用学校现有传统民族体育课程教学资源

对于开设民族传统体育教学内容的学校来说,其目前所用到的课程资源大部分都是在开设专业课程之时的内容,由此可以看出,我国的学校民族传统体育课程资源已经延续多年。同时,学校丰富的场地、器材等课程资源也仍然处于不断沿用的状态。对于体育教师来说,他们也已习惯了民族传统体育教学内容,并有许多丰富、宝贵的教学经验可以借鉴。但是,随着体育教育的不断发展,学生的特点和需求也不断地发生着变化,因此,并不是所有的之前的民族传统体育课程资源都是适合延续下去的,在不断发展的过程中,不断有一些与现代社会发展和需求不相适应的资源会被摒弃掉,同样的,也需要纳入一些新的课程资源加以充实。这就需要对学校民族传统体育课程教学资源加以改造。但是在改造过程中,需要注意,改造应从规则、技术难度、趣味性等方面进行。改造的主要方式有简化规则、降低难度、游戏化、生活化、实用化等。

(四)加大专项资金支持,完善场地器材设施建设

学校民族传统体育教学的开展都是需要一定的物质基础作保障的,具体来说,其主要是指进行民族传统体育教学必备的场地、器材、教科书

---

① 高俊兰,黄中伟.黑龙江省高校民族传统体育课程资源的开发与利用[J].体育世界(学术版),2019(01):90.

等课程资源。

一方面,学校要强化体育资金监管长效运行机制,进一步加大对财政拨款的使用效率,在体育专款中,要拿出一部分专项资金用于特色传统体育场馆设施建设工作,一切从体育经费实际出发,以学校长远发展为立足点,科学规划,优化资源配置,实现资源共享。

另一方面,除了专项资金拨款外,学校还要进一步拓宽资金筹措的渠道,来保证学校民族传统体育场地器材等资源的物质保障。

总的来说,只有提高专款资金利用效率,扩大融资渠道,吸纳各方资金,才能优化学校民族传统体育物质文化环境,这是开发和利用民族传统体育课程资源,增强教学实效性的重要前提条件。

(五)结合需求引入新型民族传统体育课程资源

随着社会的不断发展,体育教育也发生了变革,这就要求在参照学生实际情况和需求的基础上,与现代社会发展相结合,来不断改革创新学校传统体育课程资源,从而使课程资源不断得到充实和丰富,体育项目和体育教学内容要推陈出新,不断保持学生的兴趣。

近年来,一大批新兴的民族体育教学项目被纳入了学校民族传统体育教学中,这些运动项目丰富了课程教学内容,同时,这些项目特有的休闲性和趣味性也将学生的兴趣有效激发了出来。由此可见,新兴的体育运动项目的引入会为民族传统体育课堂教学注入新的活力。但是需要注意的是,为了保证引进的新兴运动项目的科学性与可行性,要以现有的原理、规则、方法、场地器材条件等为依据,设计相近似的教学内容,以便使其能够在民族传统体育教学中具有广泛的实效性和适用性。

由于我国是一个多民族的国家,民族传统体育项目众多,且都特色各异,价值突出,这就需要综合其特点和价值,以及课程资源类型、结构,以及学生的需求等来加以选用。

(六)建立学校民族体育中心并充分发挥其功能

当前,很多民族传统体育项目已经纳入国家级非物质文化遗产名录,比如较为典型的:朝鲜族跳板、秋千、农乐舞;达斡尔族传统曲棍球竞技、蒙古族搏克、满族珍珠球等。为了更好地促进这些民族传统体育项目的发展,地方政府和体育相关部门建立了相应的一些体育培训中心,其主要作用表现为:培养民族体育人才,促进体育文化交流以及探究、梳理与保护传统体育项目。

(1)各地市有代表性的学校应向上级主管部门申请构建传统体育开发中心,其主要职责是考察、开发、整合、编创、研讨、实施民族传统体育资源。

(2)坚持以科研为中心,着力推进科研重点,管理方式两个转变,重点学科建设、理论创新体系建设、科研条件建设,不仅要重视学校基础理论研究,还要将提高民族体育文化振兴发展作为工作的重点,不断加强研发工作,提高中心科研创新能力。

由此可以看出,民族传统体育中心的成立对于弘扬民族文化,带动校园传统体育跨越式发展都是非常有帮助的。

(七)建设有特色的学校民族传统体育文化

民族传统体育的发展离不开其文化的带动。通过文化的学习,能使学生养成良好人格,这就将民族传统体育教育的育人作用充分发挥了出来。

学校民族传统体育文化建设是健全学生人格和提高文化素养的重要途径。

(1)要将民族传统体育课程和体育教师的教育功能充分发挥出来,激发学生对体育的兴趣,培养体育锻炼意识。

(2)实施个性化培养,在活动项目、活动场所、辅导教师、练习时间等因素都固定的情况下,让学生按照自身的兴趣、爱好来选择适合自己个性特点的民族传统体育项目,由此来达到在发展学生个性的同时,使其也能轻松掌握一定的民族传统体育技能。

(3)充分发挥体育宣传的导向作用。要求端正家长、教师、学生对学校民族传统体育的认识,使学生自觉、主动参与到民族传统体育活动中,并且在实践中加深对民族传统体育的情感,在实践中真正提高民族传统体育文化素养。

第五章　全球化视野下民族传统体育文化的国际化传播与发展研究

当下,世界各民族文化在全球化浪潮下相互交流与碰撞。随着全球化进程的加快及现代传播技术的革新,中华民族传统体育文化在全球范围内传播,迎来了新的发展机遇。但同时因为西方体育文化的冲击,中华民族传统体育的国际化发展也面临一定的挑战。在全球化时代背景下,如何抓住机遇,积极应对挑战,从而在全世界范围内大力传播与弘扬中华民族传统体育文化,是非常具有历史意义与现实意义的研究课题。本章主要就在全球化视野下探讨中华民族传统体育文化的国际化传播与发展,包括国际化传播与发展的现状、限制因素以及重要策略。

第一节　我国民族传统体育文化国际化传播的现状分析

一、国际化传播失真

民族传统体育文化发展历史悠久,其传承方式自古以来以师徒传承为主。但一般只有嫡系传人能够得到先人的真传,其他人要想了解庐山真面目有一定难度。而且古人认识水平有限,对于那些不确定是不是被人神话的运动他们往往分不清,而且无条件相信,所以有些传统项目包含神秘的魔幻因素,这就造成了民族传统体育文化国际化传播中"失真失范"问题的出现。

以气功为例,这项运动作为中华民族优秀传统体育文化的典范,主要通过调整呼吸、身体活动和意识而强身健体、防病治病、延年益寿。但有些人因为认识偏差或有其他不良意图,刻意夸大气功的功能,导致伪气功泛滥成灾。一些号称"气功大师"的人打着为民服务的招牌到处坑蒙拐骗,严重危害人民群众的物质利益和精神健康,也给社会和谐与稳定造成了影响,这些不法分子的勾当导致气功的声誉被毁,严重影响了气功在世界范围内的健康与持续传播。

二、存在恶性竞争

中华民族传统体育文化的漫长发展历史中涌现出很多生命力顽强的运动项目,几千年来代代传承,发展至今已经枝繁叶茂,甚至名扬世界,在国内国外都产生了深远的影响。正因这样,因为传承者比较多,所以不同分支与流派之间为了争夺"正宗传承者"而展开激烈竞争,甚至有人不择手段进行恶性竞争,从而严重制约了这些项目的健康传承与发展。以中国南拳之一的咏春拳为例,国际咏春总会是目前世界最大的武术组织,咏春拳在世界上多个国家和地区传播与发展,子弟门人有 200万左右,全世界很多领域尤其是武术界、影视界和军警界都非常认可和高度追捧该拳术,咏春拳的名声早已享誉国内外。咏春拳现在有很多门徒,各个分支为了谋取经济利益,纷纷自诩为正宗传人,并不计后果地诋毁其他支派,甚至以武力解决问题,这就影响了咏春拳在国际上的进一步传播与发展。

三、竞技化与商业化倾向严重

(一)过分竞技化

国际武术联合会十分重视武术运动的推广,并争取将此发展成为奥运会正式比赛项目。为了使武术运动适应"更高、更快、更强"的奥运会竞技要求,国际武术联合会对中国武术进行了竞技化、标准化的改造,使武术运动的规范技术动作合乎规则,而且有统一的评分标准,然后从动作难度、完成情况等方面对运动员的表现打分。但是,因为中国武术套路繁杂,不同门派武术的技法与要求有差异,所以很难对其进行标准化改革,而且从现有的成果来看,这方面的改革效果并不理想,不仅没有达到预期目的,反而影响了中华武术的魅力。

奥委会中有些工作人员认为中华武术和"中国式体操"没有区别,不符合奥运会"更高、更快、更强"的宗旨。而且一味按照奥运会的要求对中华武术进行改革也不利于武术运动的发展,将腾空飞脚、旋转720°转体等难度动作硬性加入连绵不断、行云流水的武术套路表演中会破坏武术的整体艺术风格,而且给人一种不伦不类、不洋不土的感觉。

对武术的传播与推广必须尊重武术发展的规律,关于武术的竞技化改革与发展,需探索符合武术发展规律与特点的科学方法,否则武术在竞技化发展道路上容易出现畸形或边缘化问题。此外,对武术进行标准化改革时,不能破坏武术的民族特色与风格,不能使竞技武术代替传统武术,要让中华传统武术在国际化传播中真正实现百花齐放的美好愿景。

(二)过分商业化

在商品经济时代,经济影响着一切,民族传统体育文化的国际化传播与发展也不可避免地受到经济的影响。原本在商业化原则下包装民族传统体育运动,积极营销,加强管理,对民族传统体育文化的发展是有利的。但如果将民族传统体育的商业利益看得太重,就会走向歪路,如坑蒙拐骗、故意夸大或将民族传统体育"神化",这样就起到了相反的作用,给民族传统体育文化的国际化传播与推广带来了危害。

在民族传统体育商业化传播的浪潮中,少林寺的商业化常常被世人鄙视和唾弃。例如,少林寺药局在历史上并不存在,原本只是在民间传说、武侠小说或影视作品中会涉及少林寺的灵丹妙药,而现实中根本没有出售少林秘药的少林药局,而且这和少林武术的历史传承丝毫没有关系,社会上之所以有人用少林药局进行营销炒作,就是为了谋取不正当的经济利益,这不仅制约了少林寺文化的传播,损害了少林寺的清白,也使老百姓的钱财和健康受损。

四、创新不足

传统武术作为中华民族传统体育文化的精华,在国际化传播中被过分强调表演性和多样性,导致武术套路过于艺术化。本来北京奥运会是中华武术来进入奥运会的最佳契机,当时我国散打运动展现出了良好的发展势头,而且散打运动符合现代奥运会的要求,如果重点推广散打运动,那么可能会被国际奥委会接纳。但当时我国武术运动管理者对向奥运会主推哪种武术形式还犹豫不决,而且判断出现了偏差,主要表现为两个问题。一是管理者认为我国散打运动类似于国际搏击运动,这项运动难以充分展现中华武术的文化特色;二是管理者担心我国散打运动水平与国际搏击运动相比还有一定的差距,如果主推散打,即使顺利进入奥运会,也难取得好成绩。

事实上,我们应该清楚地认识到,如果我国的散打运动正式成为奥运会比赛项目,那么即使不能取得好的成绩,那也是中华武术的历史性进步,也是一种别具意义的胜利,这是推动我国民族传统体育文化国际化传播与发展的良好机遇。[①]

第二节 制约我国民族传统体育文化国际化传播的因素

作为东方文明古国的典型代表,中国的优秀传统文化非常丰富,现在,世界各国在全球化背景下进行着频繁的往来与交流,这其中包含了文化的交流与往来,各国之间相互传递文化信息的速度越来越快,越来越便利,世界文化在这种频繁交流与互动的氛围中共同繁荣发展,人类文明因此也受到了积极的影响,取得了良好的发展成果。在这一时代视野下,我国对外传播优秀的民族传统体育文化具有重要意义。但现阶段我国民族传统体育文化的对外传播面临着一些棘手的问题,这说明我国

---

① 杨柳. 民族传统体育项目的国际化传播策略研究[D]. 武汉体育学院,2013.

民族传统体育文化的国际化传播陷入了困境,而造成这种困境的因素主要有以下几方面。

一、民族传统体育文化自身民族特性的限制

社会经济是文化赖以产生与发展的重要环境,一个地方的生活方式、风俗习惯都能从这一地方的文化中反映出来,可见文化的区域性特征非常鲜明。地域环境不同,产生文化就呈现出不同的特征。我国民族传统体育文化是在中华民族的漫长发展历史中不断形成与积淀的,其本身就具有突出的民族特征和区域特征,这从民族传统体育的价值观念、表现形式、文化内涵等多个方面都能体现出来。我国在全世界范围内传播民族传统体育文化,希望其他国家都能接受与认可中华民族的体育文化,但因为民族传统体育本身的符号性、民族性、地域性太突出,所以影响了其在其他国家与民族文化语境下的传播效果。

二、民族传统体育产业发展滞后

在市场经济环境下,世界文化发展的商业化趋势、产业化趋势越来越明显,很多国家都将民族文化推向产业化发展道路,通过文化产业的发展而获取经济利益。在世界文化商业化发展势头猛烈的今天,各国经济发展水平与文化传播之间的联系越来越紧密,经济实力越强的国家在文化传播上越有优越性。西方一些体育强国的体育文化产业已经达到了很高的水平,体育文化产业甚至成为主导产业,体育文化产业体系也逐步趋于完善。相比而言,我国经济水平和发达国家有差距,现代化建设水平也较为落后,而且我国的民族传统体育文化一直强调内在的东西,如精神、内涵等,所以很晚才走上商业化之路,产业化发展也相对滞后,体育文化产业的落后严重影响了中华民族传统体育文化的国际化传播。

三、媒介传播力度不够

全球化既是经济的全球化,也是文化的全球化,世界各国在全球化

背景下的竞争是各方各面的,包括科技的竞争、经济的对抗、文化的较量等,而且文化软实力已经成为各国综合实力的重要组成部分。随着信息技术的大规模发展与迅速传播,各国将竞争的焦点一步步转移到文化产业、信息产业等多方面,这就使得媒介传播实力直接决定文化传播效果。我国科技发展水平不及西方发达国家,媒介传播实力也相对落后,从而导致我国民族传统体育文化的国际化传播处于弱势,传播规模小,传播手段单一,最终传播效果不理想。

第三节　全球化视野下推动我国民族传统体育文化国际化传播与发展的策略

一、转变民族传统体育文化的国际化传播与发展观念

(一)认清问题

当前,我国民族传统体育文化的国际化传播模式主要是被动传播。民族传统体育文化的国际化传播比较特殊,对我国主办民族传统体育赛事及深度参与国际民族传统体育赛事的能力提出了一定的要求,而且对我国体育在国际体坛的地位及我国民族传统体育的国际成绩也有较高要求。我国应该在世界性的体育组织中占有一席之地,在民族传统体育文化的对外传播中发挥主动性,行使主动权。现阶段西方国家在世界体坛拥有绝对的话语权,而我国民族传统体育文化在国际上的被动传播形势难以打破这一垄断局面,而且被动传播也不利于树立中华民族传统体育文化在国际上的良好形象,会影响在国际化传播中世界各国对中华民族传统体育文化的正确认识,容易造成偏见,从而大大影响传播的可信度与最终效果。

中国在国际体坛缺少必要的话语权,因而制约了中国民族传统体育文化的国际传播。我们必须认清这一现实,并努力提升中国体育的话语主导权。在民族传统体育文化的国际化传播中,我们应从国际化视角处理传播信息,将先进的传播媒介利用起来,扩大传播范围,提高传播效

率。民族传统体育文化的对外传播在方法与策略上要根据传播群体的不同而进行针对化设计与选择,要考虑目标国家的社会体制、意识形态、语言文化以及接受外来文化的倾向,只有对目标国家或地区有较为全面的了解,才能借助媒体资源进行针对性传播,避开敏感信息,提高传播信息的投射效果。

我国民族传统体育文化国际化传播中存在浓厚的"外宣"色彩,过度强调政治性和宣传性,不注重文化性,影响了传播的可持续性。对此,要在全球化时代背景下依据形势的变化而转变传统传播理念,在面向国外传播民族传统体育文化的过程中将正面信息与负面信息的平衡把握好。通过适度的正面宣传而起到的效果一定是正面的,但如果正面宣传太多、太刻意,那么所产生的效果也可能是负面的。我国新闻媒体在报到时主要采取正面宣传的方式,但对于效果是不是正面的没有太多的关注,因此要转变这一理念,将通过媒体宣传而产生正面积极的效果放在第一位,而不是将正面宣传的方式放在第一位。在国际新闻报道中适当报道一些真实的负面新闻,并表达打击不良行为的决心,可以使世界人民看到我国政府在净化体育风气方面的新闻,从而提升我国的国际形象,也可以使我国媒体的公信力得到提升。

现阶段我国在体育外交和体育媒体公关方面还存在一些不如意的地方。作为公共外交的一个重要组成部分,体育外交可以使世界公众的体育信息交流需要得到满足,也能使西方国家对我国民族传统体育文化有更多更深的了解,提升中国在全世界人民中的形象。而如果体育外交发展滞后,体育国际传播薄弱,那么就难以达到这一效果。对此,我们要转变价值观念,加强体育外交,注重在体育领域的对外互动与相互交流,在全世界范围举办有价值有意义的民族传统体育文化交流活动。

我国民族传统体育文化的国际化传播还面临着人际传播缺失的问题。人际传播是最直接、最有效和效果最明显的信息传播途径。但我国在民族传统体育文化国际化传播中过于重视民族传统体育比赛或其他形式的体育活动,而忽视了在这些活动中人的参与的重要性。政府体育组织或非政府体育组织参与国际体育交流事务时,人才扮演着非常重要的角色,所以必须重视人际交流。通过人际交流能够加深了解,对外树立亲近、具体、生动的民族传统体育的形象,促进民族传统体育国际影响力的提升。

（二）树立文化自信

西方体育文化在世界体坛居于强势甚至是垄断地位,在全球化背景下,我们不能以自卑或自我怀疑的态度去传播与弘扬民族传统体育文化,而应该以自信的态度去肯定民族传统体育文化的优秀性,勇敢与国际尤其是西方国家进行体育对话与交流,将优秀的民族传统体育文化弘扬海内外。同时,我们也要肯定西方体育文化的优点,要有包容心,正视多元体育文化的共存。需要注意的是,在民族传统体育文化的国际化传播中我们不能向西方国家低头或迎合他们所谓的主流文化,我们要坚守民族传统体育文化的特质,对优秀的文化资源进行挖掘,以积极的文化心态对民族传统体育文化进行宣传与推广,以不卑不亢的态度应对国家体育文化之争,尽可能使中国传统体育文化被更多的国家与民族认识、理解、喜欢。

（三）开拓传播思维

我国应专门针对民族传统体育文化的国际化传播而建立国际传播平台,将丰富多样的传播渠道利用起来,在国际电台或国际电视频道以节目的形式广泛传播民族传统体育文化。我国要扩大体育文化的国际化传播业务,就要提高传播的常规性与系统性,而在国际频道播放民族传统体育相关节目可达到这一效果。我国要利用好国际传媒这一手段,制作高质量的民族传统体育节目,选择合适的时间播放,输出优秀的民族传统体育文化,提高传播效率与时效性。专业人士在民族传统体育节目的制作中要满足外国观众的观看兴趣与爱好,要突出重点,以提高中国民族传统体育文化的对外传播效率与效果为主。此外,还要基于对国外观众需求的考虑而安排节目内容,以创新的机制将节目内容对外播出。另外,针对海外侨胞这一特殊受众要制作具有民族情怀的节目,以增加海外华侨对中华民族传统体育文化的认同感。节目制作具有专业性,尽可能由专门的体育文化公司完成,提高节目制作的专业性和节目质量。

在民族传统体育新闻的国际化报道与节目的对外播放中,应该多报道与播放精彩的民族传统体育赛事。我国有很多民族传统体育赛事,从赛事规模来看,有全国性的运动会,各省市、自治区的赛事和县级比赛活动等,这些丰富多彩的民族传统体育赛事具有鲜明的民族性、地方性、风俗性,能够将中华民族传统体育文化的精华与优秀成果充分展示出来,给广大国外观众带来视觉盛宴。我们应该从全新的传播理念出发注重国际化传播定位的独特性,从创新的视角设置赛事内容,尽可能使民族传统体育赛事生动有趣,对国际观众具有吸引力,从而大大提升我国体育文化在国际体育文化领域的话语主动权。

在对外传播民族传统体育赛事的过程中要注重主动与西方国家进行体育文化互动与交流,这是将文化战略融入民族传统体育文化国际化传播中的重要机遇。国内外体育文化交流形式有很多,赛事交流是非常重要的一种形式,我国应该面向国外市场积极举办民族传统体育赛事,主动加强与国外体育文化的交流,或与目标国家合作组织一些有代表性的世界性民族传统体育赛事,以高端国际赛事、大型体育文化节等活动为主,以提升我国民族传统体育文化的国际竞争力、影响力,并促进我国体育事业及文化事业的进一步发展。

我国与世界体育强国进行体育领域的技术交流与节目合作也是我国民族传统体育文化国际化传播的重要策略。技术交流要强调民族传统体育专家或学者的参与,要鼓励这类人才走出国门对我国优秀的民族传统体育文化进行弘扬与传播,并在更大的更专业的领域接受专门的培训,提升个人作为传承者或传播者的价值。在节目合作方面主要是国内外合作打造优秀的民族传统体育类节目,这就需要国内外传媒和国内外民族传统体育组织建立长期的、稳定的、和谐的合作关系。

二、正确把握民族传统体育文化国际化传播与发展的方向

(一)市场定位准确

在市场经济体制下,品牌都是基于市场这一土壤而发展的,市场需求主要由各种各样的消费群体的需求而构成。只有最大化地满足各种消费群体的不同需求,品牌才得以持久发展,这也是体现品牌生存价值的重要标志。民族传统体育文化的国际传播与发展同样离不开市场,而且是广阔的国际市场。所以要在国际舞台上广泛传播民族传统体育文化,就要先做好市场调查与分析,了解国际受众的真实需求,然后挖掘民

族传统体育文化的优势资源,发挥优势竞争力,提升竞争地位,使中华民族传统体育文化在国际市场占据一席之地。对受众群体的定位必须准确无误,要对各种群体的实际需求有准确的识别与判断,对受众的真实欲望进行分析,从而提高推广与传播的针对性与实效性。

(二)发展方向明确

对民族传统体育文化进行国际化传播,市场需求的精准定位是非常关键的一步,而要做好这一点,就要仔细分析目标市场,并从不同区域的经济、文化背景出发进行分析,如此才能提高市场定位的准确性。在准确进行市场定位的基础上,要结合民族传统体育文化的实际情况而进行品牌设计与定位,只有从实际情况出发做好市场定位、品牌定位,才能准确把握民族传统体育文化的国际化传播与发展方向,并在正确方向的导向下制定科学有效的国际化传播战略与具体对策。如果市场定位错误,那么发展方向必然也是不正确的,而一旦努力的目标发生了偏差,再多的努力也是白费,徒劳无功,可见,准确定位何其重要。

三、增加对民族传统体育文化国际化传播与发展的资金投入

一个国家的综合实力体现在多方多面,但是经济实力是第一位的,经济实力的强弱对综合实力的影响甚至是决定性的。一个国家在国际上处于什么样的地位,竞争力和影响力如何,都直接受到该国经济实力的影响。经济实力雄厚的国家拥有的技术设备资源更先进,而且数量更多,国际上关于该国的新闻也很多。这就是一国经济实力对该国传播实力及国际影响力的重要作用。一个国家的对外传播实力是以良好的经济实力为基础的,拥有强大经济实力的国家相应也拥有很强的国际传播实力,如可观的传媒规模和广泛而深远的传播影响力。所以,要提高民族传统体育文化的国际传播力,就要不断提升我国的经济实力,并在强大的经济实力背景下为民族传统体育文化的国际化传播与发展增加资金投入,提供基础保障。

在世界体育文化的发展中,国际化传播越来越受重视,各个国家都渴望在国际舞台上与其他国家进行体育文化方面的平等对话、沟通与交流,将本国的优秀体育文化推广出去,弘扬民族文化,借助体育文化交流

与传播这一窗口而树立与提升本国在国际上的良好形象,因此各国对体育文化国际化传播从战略高度给予了重视,并不断加大投入力度,采用先进的传播技术开展海外传播工作。在这方面一些发达国家的做法值得我们借鉴,如美国、德国、英国、法国等国家都对海外发射台予以建立,进行多语种传播,而且时间不断延长,也不断对发射机进行技术革新,增加功率,提高投射效率。这是这些发达国家的体育文化在国际上保持良好传播优势的有力支撑与重要条件。体育发达国家每年为传播体育文化而投入的资金数额非常庞大,并专门成立广播公司、建立国际广播电台来对外传播体育文化。此外,一些发达国家还合作建立世界电视及多语言传播电台,这些媒介的有效利用度很高,传播效率有目共睹,因此值得我国学习与借鉴。

四、培养优秀的民族传统体育文化传播人才

(一)明确民族传统体育文化传播人才的培养规格与标准

在全球化背景下传播民族传统体育文化,就要注重对优秀传播人才的培养,加强对专业化人才培养模式的建立健全。而建立与完善传播人才培养模式,要明确培养目标,选择科学有效的培养方式,按高标准的规格进行培养,也就是要清楚对什么样的人才进行培养以及如何对这些人才进行培养。

毕业于民族传统体育专业的大学生是我国民族传统体育文化国际化传播人才的重要组成部分,因此必须加强对高校民族传统体育专业的管理,明确该专业的人才培养目标,尽可能培养全面发展的一专多能的人才,使该专业学生专业理论基础知识完备、技术扎实,并能在教育教学、运动队训练以及赛事活动等实践中灵活高效地运用知识与技术。

为满足民族传统体育文化国际化传播的需要,在全球化浪潮下还要注重对高效民族传统体育专业学生进行国际综合素养的培养,包括外语能力、对外交流能力等。最终培养出来的传播人才应该是能够满足实际需要的复合型人才,要达到理论扎实、技术过硬、知识深厚、外语能力突出等要求。

（二）民族传统体育文化传播人才应具备的素质

1. 理论扎实、技术过硬

民族传统体育文化国际化传播质量直接由传播者的传播水平所决定，因此传播者必须具备良好的传播能力，而理论基础与技术水平是最基本的要求。传播人才要能够从理论上准确阐释民族传统体育常见项目的运动方式，并能熟练完成这些项目动作，，从而使国外传播受众能够更直观、生动地了解中华民族传统体育文化。

2. 国学知识深厚

国学知识深厚也是民族传统体育文化传播者应该具备的基本素养。在民族传统体育文化的国际化传播中，对外输出民族传统体育的文化理念、内涵及底蕴是传播的重点，传播人才只有拥有深厚的国学知识，才能成功输出这些重点内容，提高传播实效。民族传统体育中蕴含着深厚的中华民族文化底蕴，如"天人合一"思想、中庸思想、爱好和平思想等，传播这些思想有助于更好地弘扬民族传统文化。

3. 外语交流能力突出

在全球化背景下，民族传统体育文化的国际化传播面向的是来自世界各地的受众，这就对传播者的外语能力和交流沟通能力提出了很高的要求。世界各国的语言文化差异是非常大的，这是阻碍世界各国交流的一个重要因素。为克服这一限制，中华民族传统体育文化传播者必须学习多种语言，提高外语运用与交流能力，尤其是外语翻译和口语能力，这样才能更准确地传播民族传统体育文化，使国际受众对中华民族传统体育文化的内涵与特色有正确的认识与了解。如果传播者外语表达能力欠缺，翻译能力不足，出现翻译出错或表达错误等问题，就容易造成国际受众对我国民族传统体育文化的误解，从而影响我国民族传统体育文化在国际上的健康与持续发展。

五、努力提升中国体育的话语主动权

我国民族传统体育文化在世界体育文化领域的地位、影响力以及传播情况很大程度上受到我国体育在国际上话语权的影响。只有努力提升我国的综合实力,壮大国力,才能拥有话语主动权,中国体育在世界体坛才会居于重要地位,发挥重要作用,产生重大影响力,中国传统体育文化才会受到世界人民的关注,才会被主动认识与了解,这时传播效率将大大提升。因此,我国要努力对中国体育文化的普世性予以挖掘,找到中国体育与世界体育的契合性,从而在全球化背景下获得更多外国友人对中国体育的认可与欣赏。中国体育文化作为世界体育文化的重要组成部分,具有和世界体育文化相同的共性,和其他国家体育文化在某些价值观上也是相同的,正因如此,世界上各种各样的体育形态才能共存于国际语境下。体育文化的共同性要求我们既要深刻认识本民族传统体育文化,又要对世界体育文化有一定的了解,并对本民族传统体育文化和世界体育文化的关系有正确的认识与深入的理解,以便更好地传播民族传统体育文化。

中国文化历史悠久,内容丰富,内涵深刻,底蕴深厚,对外传播中国传统文化既要传播传统音乐文化、传统艺术文化、传统文学文化、传统哲学文化、传统医学文化等,同时不能忽视对传统体育文化的传播,传统体育文化虽然只是中国传统文化的一小部分,但是体育文化在中国传统文化中居于重要地位,是不可或缺的一部分,所以将这部分文化传播到世界各地是非常重要的,是每一位中国文化传承者的重要使命。民族文化是世界文化的一部分,我们要认识到民族文化的世界性,推动民族文化的国际化发展,使世界各国都能认可民族文化,使民族文化在全世界广泛流行,而如果做不到这一点,那么民族文化在实际意义上就不是世界的,不是全人类共同享有的文化成果。当前,中华民族传统体育文化即使在中国范围内也未受到完全的认可或者说没有得到所有国民的认可,没有完全流行开来,那么我们又怎么向全世界推广与传播这一文化,使之被全世界人民所共享呢?而要真正将民族传统体育文化传播到国内外,使之被国人接受,被世人认可,就应该树立科学的核心价值观,对民族传统体育文化的内在特质与深层元素加以提炼与总结,从而使中华民族的文化软实力不断提升。

要提升中国体育在国际体坛的话语主动权,就要积极与国际联系、互动,搭建交流平台,在广阔的平台上以我国优秀的民族传统体育文化为基点而传播民族传统体育文化的历史成果与精华,并将民族传统体育文化传播与现代体育文化传播结合起来,提升中国体育文化的国际化传播效率,树立中国体育在国际体坛上的良好形象,使其他国家的人民大众重新认识中国体育文化,为优秀的中华民族传统体育文化而赞叹、鼓掌,并主动学习与参与中国民族传统体育项目,在亲身参与中获得真实的体验。

六、加强对民族传统体育文化的宣传

(一)做好广告宣传

在经济全球化趋势愈演愈烈的今天,世界各国展开了激烈的经济竞争,在这一背景下要想使本民族传统体育文化在世界舞台上大放异彩,提升影响力,就要特别重视宣传,尤其是以广告的形式进行广泛的宣传。我国对民族传统体育的国际化传播与发展做好准确定位后,就要考虑如何在国际市场上进行高效传播与营销,这是民族传统体育国际化发展的基本诉求,而广告宣传能够满足这一诉求。广告是我国主动向世界各国推广与传播民族传统体育文化的重要举措,是国内外民族传统体育文化交流的重要手段,在推广与沟通的过程中展现中华民族传统体育文化的个性与优势。进行广告宣传,还要先找到被国外广大人士普遍认可的广告诉求主题,如果广告诉求主题得不到传播对象的认可,那么难以实现有效的推广与传播,而且也会推翻之前的传播定位。但需要注意一点,我们不能没有科学依据地盲目夸大广告诉求的作用,也不能完全通过广告诉求是否被认可来判断之前的定位是否准确、全面。我们对外传播民族传统体育文化,要使之与广告诉求保持一致,这样才能确保广告宣传是有效果的,而且有持久的生命力。

民族传统体育文化作为对外推广与宣传的特殊产品,其产品定位是树立民族传统体育文化品牌定位的基础,而广告诉求定位则是提升品牌影响力的重要保障。在民族传统体育文化的品牌定位中,要先明确重点推广与传播的民族传统体育项目,先进行项目定位,然后借助广告宣传而实现传播目标,宣传定位同样很重要,通过宣传,使受众对品牌形象有充分的感知与信任,使受众进一步了解品牌的个性,受众对品牌的认可要契合广告宣传定位,将二者有机结合起来才能最终实现品牌宣传的良好效果。中华民族传统体育文化在国外是否受关注,与广告宣传的水平及质量有直接的关系,所以要特别重视发挥广告的宣传作用。

(二)影视产品多样化

文化在国内外的广泛传播有很多载体与形式,其中人们最为熟悉的传播载体有报纸、刊物、电视剧、电影、书籍等,电影、电视剧这样的影视传播形式很受大众欢迎,这些传播形式既有宽泛的传播广度,又在层次上有传播深度,而其他传播渠道在传播广度与深度上不及影视传播。在文化全球化视阈下,世界体育文化交流与互动十分频繁,之所以开辟多个渠道进行文化的多元化沟通与交流,就是为了维护国内外体育文化的平衡,在将各民族传统体育文化推向世界的同时,吸收其他民族的传统体育文化或现代体育文化,实现进出平衡。电影和电视剧作为常见的有效的体育文化传播渠道,其既有戏剧性,又有故事性,能够将中国优秀的民族传统体育文化传播到世界各地,被世界人民所喜爱。因此,我国应该多拍一些和体育尤其是民族传统体育有关的电影或电视剧,也可以将优秀的民族传统体育项目融入少数民族题材的电影或电视剧中。

中华民族传统体育文化既属于优秀的体育文化,又是灿烂的民族文化和传统文化的重要组成部分,其蕴含着可贵的民族精神、文化财富,拍摄以民族传统体育为主题的电视剧或电影,能够使国外受众通过这个渠道与窗口而对优秀的中国体育文化有生动的认识与了解。

我国的影视产品面向欧美市场推广与出口的过程中以纪录片为主。欧美国家一些电视台只对脱口秀、纪录片等非主流形式的节目进行播放,大众十分喜爱这些节目,以观看纪录片、脱口秀等节目为主已成为国外很多人民观看电视的习惯。而且,因为风俗文化和日常生活方式的影响,很多欧美人对有挑战性的节目普遍比较关注,这就是他们喜欢看体育类节目的主要原因,体育文化吸引着欧美人民。现在,中国在世界上的地位在不断提升,世界上的一些主流媒体越来越关注中国国情与社会发展情况,而且一些电视台也会购买我国的影视产品,尤其是关于体育的纪录片,这是我国传播民族传统体育文化的重要机遇。在民族传统体育文化国际化传播的众多渠道与载体中,体育纪录片及基于此而衍生的各种体育影视作品展现出其他传播载体不可比拟的优势,而且体育纪录片或相关产品的对外营销是具有重复性的,我们多次开发与利用这类资源,能够使影视传播的功能与价值最大化地发挥出来,还能帮助我国节约传播成本,最终也能取得理想的传播效果。我国政府应该大力支持体育纪录片或相关影视作品的出口,有关部门在全球化战略背景下要对此予以统一规划,考虑长远的传播目标,而不是短期利益。我国政府要从政策、经济上扶持中国体育纪录片的开发与出口,将体育纪录片作为国内外体育交流与合作的重要方式与窗口。体育纪录片不管在我国体育市场上,还是在国际广阔的市场上,其发展空间与潜力都是不可低估的。目前,体育纪录片的国际化出口与传播的市场需求很大,明显供不应求,而且现有的产品在交易上也有很多问题,纪录片在开发与制作上也缺乏持续的动力,这些都是有待解决的问题,我们要结合我国国情开辟一条能够使中国体育纪录片成功出现在海外主流电视台的道路,满足广大的国际市场需求,提高中国传统体育文化的国际影响力。

七、构建民族传统体育文化的国际化传播与发展网络

在全球化背景下构建民族传统体育文化的国际化传播与发展网络,要注意从传播广度与深度上不断拓展与深化,其中传播广度是针对传播范围而言,传播深度针对传播层次而言。

(一)扩大传播与发展范围

要扩大与拓展民族传统体育国际化传播与发展的范围,就要开辟更多元化的传播渠道,在更多的国家展示中华民族传统体育文化的灿烂成果,并与更多的国家进行体育文化交流,在传播主体上也要尽可能调动政府体育组织、民间体育团体以及体育爱好者的积极性。

奥运会是中国向世界推广与传播民族传统体育文化的重要舞台与机遇,中国武术在奥运会这一国际舞台上的呈现使中华民族优秀武术文化的魅力被全世界看到,国外很多武术爱好者被中华武术深深吸引,并积极参与和学习中华武术。因此,我国要努力将更多的民族传统体育项目纳入奥运会大家庭,使世界各国人民都能通过奥运会而了解中华民族传统体育。我国也要利用民族传统体育赛事而对中国传统体育文化进行推广与传播,世界性的民族传统体育赛事多由国际武术联合会、国际气功联合会等世界性的民族传统体育组织而举办,对于这些权威性组织机构举办的国际性大型民族传统体育赛事,我国要积极参与,在这些重

要的赛事舞台上展现中华民族传统体育的优秀文化成果与高超技艺,吸引更多的国际友人参与。

国家领导人和政府部门人士在推广与传播民族传统体育文化方面做出了杰出的贡献,起到了非常好的表率,具体表现为在国际交流中从丰富的民族传统体育文化资源中引经据典;访问其他国家时带领国家优秀的民族传统体育表演团队而出国表演;外交部代表人在重要新闻会议上发布关于发展民族传统体育的观点;等等。他们所做的这些贡献最后都会以传统媒体或新媒体的形式而呈现出来,使得民族传统体育文化在各种媒体的宣传中而享誉海内外。

要扩大民族传统体育文化的国际化传播范围,还要充分发挥各种传播主体的作用,将各方面的传播力量与资源有机整合起来,使传播效果达到最大化。不管是政府部门,还是民间组织或团体或企业及个人,都是民族传统体育文化传播的重要力量,要充分发挥这些人力资源的传播作用,使民族传统体育文化以多种形式与渠道在世界舞台上绽放魅力。

(二)深层次传播与发展

除了在传播广度上要不断拓展与扩大外,还要注意传播层次的增加,重视多层次和深层次传播,使民族传统体育的深层文化得到有效传播与推广。为了增加传播层次,在将民族传统体育文化对外输出的过程中,要对中国民族传统体育发展的历史、中国传统文化、中国风俗习惯以及中国的政治经济文化等予以传播,使中国得到更多世界人民的认可,使我国的文化软实力得到新的提升。文化软实力的提升对增强中国的经济实力及综合国力具有重要意义。所以说,增加民族传统体育文化国际化传播的深度,有助于促进中国综合实力、国际地位以及国际影响力的提升。

总之,在全球化背景下进行民族传统体育文化的对外传播,既要拓展广度,又要增加深度,提高传播的密集性,开发更多的传播渠道,覆盖更广阔的传播范围,要基于传统体育文化而进行深层次传播,但又不限于民族传统体育的范畴,进行超越式和跨越式的深层传播,促进中国文化的多元化和深层次交流与互动,从而使民族传统体育文化的国际化传播网络体系更加立体化,更加完善,为中国特色社会主义文化强国和体育强国的建设奠定良好的基础。

八、调动多个主体参与民族传统体育文化国际化传播与发展的积极性

我国民族传统体育文化国际化传播需要政府、企业、机构和个人等多元主体的共同参与和相互协作,如此才能提高传播效率与效果。

(一)政府传播

政府在民族传统体育文化的国际化传播中发挥着举足轻重的作用,因此要特别重视政府作为传播主体的重要地位,充分发挥政府传播的积极作用,依赖政府的号召力和权威性而将民族传统体育文化传播到国外,使国外人民看到我国政府发展民族传统体育的决心。

政府作为重要的传播力量,在民族传统体育文化的国际化传播中起着重要的主导作用。体育文化的对外宣传与推广活动如果是由政府主办的,那么这类活动的权威性就会大大提升,就会吸引更多的人参与传播与推广活动。政府在民族传统体育文化的国际化传播方面有自己的规划和准则。只有先做好规划,明确准则,传播方向才会明确下来。但是在传播过程中政府也需要注意一些敏感问题,充分发挥自己的核心作用。

基于对当前我国所处的国际政治环境、经济环境和文化环境的考虑,政府在民族传统体育文化的国际化传播中应该开展的主要工作是利用好政府传播媒介这一重要的传播工具。由于我国的媒体传播资源已经实现了全面化,网络、广播和电视以及报纸等行业展开了高效合作,政府在其中始终起着主导作用。民族传统体育的国际传播与我国政治、经济以及文化等问题密切相关。所以政府要协调好国家和体育的关系,客观全面地分析民族传统体育文化国际传播的优劣势,加大传播力度,并加大对其他传播媒介的管理力度,同时又不能有太浓厚的政治色彩。

体育纪录片能充分说明我国民族传统体育国际媒体的传播力度。当前,纪录片在国际领域还有很大的进步空间。中国广播电视总局作为中国政府传媒的执行部门,要协助体育纪录片的拍摄,加大对纪录片的宣传力度。在国际领域,我国体育纪录片的数量和观众都非常少,但发展空间很大,所以要多开发体育纪录片,满足国际市场的需求。

（二）企业传播

企业是进行民族传统体育国际化传播的重要载体之一,将民族传统体育事业逐渐企业化,促进产业化发展,这是我国民族传统体育国际化传播的一个方向,但目前对我国而言这是非常难操作的一个环节。通过企业,特别是体育文化企业而进行民族传统体育文化的国际传播,这是目前推动民族传统体育国际化传播的一项重要工作。企业要充分发挥自身的优势,在准备好有利条件的前提下将民族传统体育的衍生产品推入国际市场,并保护好品牌与知识产权,提高国际市场中的综合竞争力,并与国际媒体之间建立长期稳定的合作关系。

不可否认,企业大多数都是以盈利为目的的。企业要想得到应有的利益,就要想方设法将自己的技术以及相关产品推入国际市场,这是促进民族传统体育文化国际化传播必须要做的工作。企业在推动体育文化国际传播的过程中,要同国外同行业积极开展专业交流活动,争取创办跨国企业,为体育文化的国际化传播打好市场根基。企业的跨国发展使得民族传统体育相关产品的传播有了浓厚的国际化色彩,这不仅对企业自身的发展有利,也对民族传统体育文化的持久发展有重要意义。

（三）机构传播

除政府和企业之外,非营利性组织机构也是民族传统体育文化国际化传播的重要力量,具体包括政治、文化、学术类以及福利性机构和社会团体,对民族传统体育文化国际化传播有重要影响的非营利性组织大致分为以下几种。

第一,国内的专业团体组织,包括协会、联合会以及学校、图书馆、国际商会等。

第二,是跨国团体或组织,如东盟以及欧盟等组织。

第三,世界性组织,如联合国、WTO等。

以上这些组织及团体有同一个目标:即消除人们对待事物的冷漠态度,唤起人们对事物或者问题的关心和重视,推动社会向前发展。这一目标的实现必须要依靠传播,而互联网是主要的传播载体。各组织利用互联网先进技术,发挥自身的重要影响力,促进中华民族传统体育文化的进一步传播与发展。

（四）个人传播

由于政府部门控制着相应的媒体机构,所以个人也可以借助传统媒体手段而参与民族体育文化的国际传播,但是传统媒体不能作为传播的主要载体,要充分发挥现代媒体的作用。互联网创造了全新的、没有阻力的信息空间,人们不需要经过政府部门的审查就能够在互联网上制作个人网站,或利用电子邮件、论坛等形式将消息传递给他人。网络日志属于网页,它是一种极其简单的个人信息网页,可以将信息发布在网络日志中。它逐渐变为一种全球性的个人表达方式。谁都可以在互联上注册一个网络日志,并将信息发布在网络日志上面。它已经成为独立的媒体发言人,并且随着用户的不断增加,它已经具有一定的规模,形成了一个巨大的信息集散中心。互联网第一次尝试将大众传播转变成传播媒体的拥有者以及使用者。在未来,它将是国际传播主体的组成部分,也将是人类发展史上的一座里程碑。以往的舆论控制模式之所以面临严峻的挑战,是因为无论是谁都可以在互联网上传播消息,消息不容易被控制。在个人传播中,要自觉以正确的方式利用互联网而进行关于民族传统体育信息的健康传播。①

九、增加民族传统体育文化国际化传播的信息量、时效性和亲和力

（一）增加传播信息量

信息量是传播信息的数量和质量,是对信息确定程度的量度。当然也可以从信息自身的容量来考虑,作为一个量化的指标,信息量是一个规范的数量,信息量大并不是说信息越多越好,而是信息既丰富,又没有无用的信息,比如重复信息和不相关信息。

中国民族传统体育国际化传播的信息量很小,主要表现在以下两个方面。

---

① 钟晓满.中国体育国际传播:挑战与创新[D].成都体育学院,2014.

第一,中国国际传播平台关于中国民族传统体育的信息少。

第二,中国体育传播中缺少了关于中国民族传统体育文化的传播内容。

中国参与的世界各类体育赛事活动都应该在中国体育国际媒体中报道,而且要提高国际新闻的质量,让国外受众及时了解中国民族传统体育比赛情况和新动向。

(二)保证传播信息的时效性

所谓的时效性,是指信息的有效时间,一般对于新闻信息来说,都具有时效性,时效性越高,对信息传播速度的要求就越高,想要抢占舆论头等座,就必须保证所发布信息的时效性,树立先入为主的理念,只有时效性高的信息才具有真正的引导力量。

讲求时效、争取主动是体育国际传播的重要原则之一。因为体育活动具有超强的时效性,在第一时间发出声音,有利于争取在国际体育传播中的话语控制权,产生良好的价值引导。民族传统体育文化的国际传播从某种意义上说是国际体育话语权竞争,所以要重视传播信息的时效性。

(三)提升传播的亲和力

中国民族传统体育文化国际化传播的海外受众大致有以下几类。

第一,海外主流社会的受众,针对这类群体的传播必须用外语。

第二,海外华人,用汉语或双语进行传播。

第三,我国驻海外使馆以及商务经济机构人员,他们有欣赏中国民族传统体育的需求,所以要重视针对这类群体的传播。

向西方国家传播中国民族传统体育文化,要重视西方主流社会对中国体育的接受度与认可度,只有被西方主流社会所认可,我国民族传统体育文化才能在国际上产生很好的影响力。[1]

---

① 钟晓满．中国体育国际传播:挑战与创新[D].成都体育学院,2014.

第六章　全球化视野下我国区域民族传统体育文化的传播与发展研究

我国地域辽阔,同时也是一个多民族国家,各区域内的少数民族都有自身的特色体育文化。在当今社会背景下,如何面对西方竞技体育的冲击,获得进一步的发展是一个值得深入研究的课题。本章主要以全球化视野研究我国区域民族传统体育文化如何更好得传播与发展。

第一节　东北及内蒙古地区民族传统体育文化的传播与发展

东北及内蒙古地区的少数民族主要以蒙古族和朝鲜族为主,受地域环境的影响,这些民族的体育文化一般都比较"强势",如骑马、射箭等,都给人一种强烈的冲击。

一、东北及内蒙古地区民族传统体育文化的发展现状

(一)本地区的体育项目成为体育旅游的重要内容

作为中华民族文化的重要内容,少数民族传统体育文化对于维护人民团结、促进民族经济发展起到了非常重要的作用。我国东北及内蒙古地区的少数民族主要以蒙古族和朝鲜族为主,他们都有自身特色的体育文化。经过长期的发展,这些民族传统文化的内涵日益丰富,逐渐形成了高品位、高质量的体育旅游产品,吸引着大量的旅游爱好者前来参与消费,这极大地促进了当地社会经济的发展。

为推动东北及内蒙古地区特色民族传统体育的发展,当地政府部门应集合各个方面的力量大力挖掘与开发具有当地民族特色的体育旅游项目,加强这一地区民族传统体育文化的对外宣传,让世人更加深刻地认识本地区的民族传统体育文化。如今,我国东北及内蒙古地区的少数民族传统体育资源得到了的有效开发,已形成了颇具规模的民族传统体育文化旅游资源,可以说有着广阔的发展前景。

(二)本地区民族传统体育的发展极大地推动了体育产业的发展

体育产业可以说是一个生产体育产品和提供体育服务的产业。伴随着全球化的不断发展,我国也与世界各国之间的联系更加紧密,近些年来体育产业也因此获得了非常快速的发展。体育旅游作为当今比较兴盛的一项体育产业内容,受到广大健身爱好者的欢迎和喜爱。发展体育旅游产业,不仅可以充分创造出更好的经济效益,还能取得良好的社会效益。我国东北及内蒙古地区的少数民族体育资源非常丰富,如沙漠、山峰、河、冰雪等有着巨大的开发潜力,能开发出独具民族地区风格的体育旅游资源,能进一步扩大体育产业的规模,促进当地经济的发展。

(三)相关民族传统体育项目成为学校体育的重要课程

伴随着时代的发展和进步,学校体育成为学校教育的重要内容,在学校教育中扮演着十分重要的角色。如今,一些民族地区的学校都纷纷纳入了一些颇具当地特色的民族体育项目,极大地丰富了体育课程内容。这些民族传统体育项目大多风格鲜明,具有增强体质、提高学生体育素养的价值与功效,大力挖掘这样的民族传统体育项目纳入学校体育课堂是一个发展的潮流与趋势,如东北地区的沈阳师范大学已将满族的珍珠球作为公共体育选修课程,而将狩猎、赛威呼等项目作为专业选修课程,受到学生的欢迎和喜爱。

二、东北及内蒙古地区民族传统体育文化传播与发展的策略

我国东北及内蒙古地区有着丰富的民族传统体育项目。如蒙古族的射箭、打布鲁;朝鲜族的顶罐走、打秋千等,这些项目在我国都有着一

定的影响力,受到各族人民的喜爱。在当今社会背景下,尤其是"一带一路"建设的今天,加强这些特色体育文化的发展,对于我国与沿线上重要国家之间的交往与合作具有重要的意义。

为了更好地促进东北及内蒙古地区民族传统体育文化的传播与发展,我们可以采取以下策略。

(一)健全与完善民族传统体育政策,加强其组织与管理

纵观世界上各个国家体育文化的发展,西方竞技体育占据着各个国家体育运动的主流,这是当今体育事业发展的大背景。在这样的背景下,我国民族传统体育的发展受到了前所未有的挑战。为推动我国民族传统体育的发展,我国东北及内蒙古地区的政府部门采取了一系列保护与推动民族传统体育发展的措施与手段,并给予一定的财政与政策支持,为其发展提供了有力的保障。

为推动东北及内蒙古地区民族传统体育的进一步发展,该地区专门成立了由政府主导,社会参与的组织管理机构,使得民族传统体育的组织管理水平上升了一个大的台阶。同时还成立了省级民族传统体育社团协会,吸引了大量的会员加入其中,这些人力资源的丰富为民族传统体育的发展提供了良好的智力支持。

(二)挖掘与创新富有民族特色的传统体育内容

东北及内蒙古地区民族传统体育项目丰富且具有鲜明的特色,加强其产品的包装与创新,加强其对外宣传与推广具有重要的意义。在这一方面,我国的武术、舞龙舞狮、龙舟等项目都取得了不错的进展,在世界上产生了一定的影响力。对于东北及内蒙古地区的民族传统体育而言,要加强与沿线国家与地区之间的沟通与交流,实现共同发展。这样才符合当今全球一体化发展的潮流与趋势。

(三)加强民族传统体育的产业化发展,走品牌化发展道路

在当今社会背景下,体育产业获得了非常快速的发展,通过产业化的发展,各个国家的诸多事业都得到了对外交流与发展。民族传统体育作为重要的体育内容,其产业化也是一个未来的趋势。在未来的发展中,我们应该坚持民族传统体育产业化的道路,打造一大批具有民

族特色的体育品牌,走品牌化发展之路。

1. 打造当地的特色品牌

伴随着人们生活水平的不断提高,以及余暇时间的增多,如今旅游业也进入一个比较兴盛的时期,热爱旅游的人越来越多,甚至跨国旅游也早已不是一件新鲜的事情。我国东北及内蒙古地区的民族传统体育资源非常丰富,对于周边国家及地区的人们有着较大的吸引力,当地政府部门应充分利用本地区民族传统体育的资源优势打造特色化的民族传统体育旅游品牌,如利用广阔的草原发展骑马、射箭等体育旅游项目;利用丰富的雪山等资源开展独具特色的冰雪项目等。通过体育旅游的形式,打造本地区民族传统体育特色品牌,吸引体育旅游爱好者前来参与,这能为当地政府部门带来极大的经济效益。

2. 将当地的民族传统体育产品分类推向市场

依据不同的风格,我们可以将东北及内蒙古地区的民族传统体育分为观赏型、休闲型、探险型等几种类型,然后根据这些类型的特色加以改造,创造出符合产业市场要求的产品,这样能有效提升其在产业市场中的竞争力。通过这些市场化的民族体育产品的投入能加强我国与其他国家或地区之间的体育交流,实现其价值。

3. 开发民族传统体育的发展模式

(1)农家乐生态旅游模式

在当今休闲时代背景下,人们可以利用休闲时间到乡村体验农家乐,农家乐旅游成为当前一个流行趋势。东北及内蒙古地区的相关部门应充分认识到这一点,利用当地的资源优势,创造独居地域特色的农家乐生态旅游品牌,吸引广大旅游爱好者前来参与。

(2)城市公园和景区模式

在城市公园和景区开展各种形式的民族传统体育活动也是一种非常好的举措,这一种模式具有天然的亲和力,能吸引各类人群前来参与。

(3)节庆文化模式

我国东北及内蒙古地区的少数民族众多,各个民族都有自己的传统节日,利用这些传统节日大力宣传与推广本地区的特色民族体育项目,能吸引体育旅游爱好者的目光,促进当地民族传统体育旅游的发展。

第二节 西北地区民族传统体育文化的传播与发展

西北地区是我国西北内陆的一个区域,这一地区面积广大,少数民族众多,主要有回族、维吾尔族、哈萨克族、藏族、蒙古族等。这些民族都有特色的民族体育文化,其中有一部分在全国乃至全世界都有着一定的影响力。

一、西北地区民族传统体育的发展现状

受西方竞技体育的冲击,我国西北地区的民族传统体育的发展受到严峻的考验。在当前社会背景下,西北地区的一部分民族传统体育出现衰退甚至消亡的现象,这对于当地民族传统体育的可持续发展是非常不利的。在当今全球一体化发展的时代,不同的文化现象相互碰撞与竞争,弱势文化受到强势文化的挑战,在长期的竞争过程中,弱势文化逐渐被强势文化所侵蚀、消解和同化,处于危机的边缘。

西方竞技体育文化的入侵,使得我国的民族传统体育文化发生了根本性的变迁。如今以奥林匹克运动会为首的西方竞技体育文化在全球风靡一时,占据着世界体育文化的主流,对我国的民族传统体育文化造成了巨大的冲击。以我国西北地区的民族传统体育为例,西北少数民族,尤其是少数民族的青少年对西方竞技体育的热情已经远远地超过了对本民族传统体育项目的热情,本地区的民族传统体育的发展举步维艰。

据相关调查与研究发现,我国西北少数民族地区的青少年对于本地区的赛马、射箭、摔跤、押加等项目的喜欢程度不如足球、篮球和排球等运动。那些民族传统体育项目一般只是在民俗活动中或者是在盛大的传统节日中参与。由此可见,西方竞技体育对我国民族传统体育的冲击和影响很大。我国少数民族传统体育文化变迁是对西方体育文化的传播、环境发生的改变和国人内在行为和价值观转变的适应,没有变迁,

文化不可能调适得当,但过多规模庞大、持续的变迁也会使我国少数民族传统体育处于困境。因此,如何正确引导西北少数民族人民对本民族传统体育文化的认同是今后迫切需要解决的一个问题。

总的来说,西北地区少数民族在精神层面上的变化正在深刻地影响着西北地区民族传统体育发生变迁,西方外来体育文化的传播和西方外来体育文化与我国少数民族体育文化之间的冲突是导致西北地区民族传统体育文化变迁的外因。

二、西北地区民族传统体育文化传播与发展的策略

(一)改造与提升民族体育项目的竞技性

在当今社会背景下,西方竞技体育占据着绝对的统治地位,这从奥运会、亚运会及各单项运动会中就能看出竞技体育的影响力。在这样的背景下,西方竞技体育的发展对其他国家的民族体育文化都产生了很大的冲击。各国家的民族体育文化要想实现更好的发展,就需要顺应时代发展的形势,进行一定的竞技化改造,这是不可避免的一条路子。像日本的柔道、韩国跆拳道之所以发展的如此迅速并进入奥运会大家庭之中,就是因为其进行了竞技化的改造。因此,我国西北地区的各项民族传统体育项目要想获得更进一步的发展就需要顺应时代发展的潮流与趋势,加强其竞技化改造,这样才能符合体育运动发展的方向,获得健康的发展。

我国西北地区的民族传统体育项目非常丰富,其中赛马、骑马、射箭、摔跤等都具有重要的影响力。这些项目也普遍具有一定的竞技性成分,在今后的发展中需要规范比赛的方法,制定规范和合理的裁判规则。还可以通过举办民族传统体育运动会、少数民族传统体育节等形式来宣传与推广这些项目,促使其在更大的范围内传播与发展。

(二)挖掘民族体育旅游资源,实现市场化和产业化发展

近些年来,在党和政府的大力支持下,我国西北地区的民族传统体育获得了非常迅速的发展,取得了一些了不起的成就。我国政府部门集中了大量的人力、财力和物力用于西部地区各民族体育的组织与建设,

使西北地区的民族体育文化在全国乃至世界范围内得到了广泛的传播和推广,为我国其他地区的民族传统体育发展做出了良好的示范与表率。

在今后的发展过程中,我们还要进一步挖掘丰富的民族体育资源,加强各类资源的整合,走市场化发展的道路。因为只有建立一个完善的民族传统体育产业市场,才能有效提升其影响力,让世人更好地认识西北地区的民族传统体育项目,促进西北地区民族传统体育的更进一步发展。

除此之外,在当今市场经济发展的今天,我们还要不断推进民族传统体育的产业化发展。我国政府部门要给予西北地区民族传统体育大量的资金与人力资源的支持。除了国家给予必要的支持外,西北地区的民族传统体育还应采取各种创新手段积极吸引社会力量的参与,吸引社会企业的赞助,推动民族传统体育更好、更快的发展。

通过多年来的发展,如果我国西北地区的民族传统体育项目得到了很好的挖掘与发展,如赛马、姑娘追、叼羊等都深受各地人们的喜爱,其影响力也越来越广泛。这为本地区民族传统体育的产业化发展创造了良好的条件。如今,以市场经济发展规律为指导,我国西北地区的民族传统体育逐步走上了产业化发展的道路,有着广阔的发展前景。

(三)利用多媒体形式促进东西方体育文化的交流与合作

在现代科学技术快速发展的背景下,当今社会已进入一个信息化社会。各种新兴的媒体及网络技术对人们的日常学习、工作和生活都产生了非常重要的影响。通过这些多媒体技术手段的利用,世界各民族的传统体育文化得以被传播到世界各地,从而实现了世界文化的大繁荣。因此,为推动我国西北地区民族传统体育的对外传播与发展,我们也应充分利用好这些传播手段,向"一带一路"沿线国家和全世界大力宣传与推广西北地区民族传统体育文化。在与其他国家及地区体育文化交流的过程中,要相互借鉴与吸收,促进各国家及民族体育文化的融合与发展。

第三节　中东南地区民族传统体育文化的传播与发展

一、中东南地区民族传统体育的发展现状

中东南地区包括瑶族、侗族、黎族、壮族、畲族、土家族、高山族等十几个民族,传统体育更是丰富多彩。下面对其中个别民族的传统体育的现状进行研究,来简单概括中东南地区的民族传统体育的发展现状。

(一)酉阳、黔江、石柱土家族"摆手舞"的现状

摆手舞,可以说是土家族的典型民族传统体育舞蹈。在最初的年代,摆手活动是以欢乐的歌舞来祭祀祖先,祈求人寿年丰的一种艺术化的风俗或风俗性的艺术。这一活动可以说是土家族历史生活的缩影。

中东南地区的土家族人民众多,近些年来土家族人民积极响应国家全民健身纲要的精神,进行了较大力度的推广普及工作。近年来,酉阳、黔江、石柱等县市区都已将摆手舞列入全民健身计划。黔江地区成立了摆手舞推广办公室,负责收集、整理、创新和推广摆手舞。每天早晚都有众多市民聚集在广场上跳土家摆手舞。该区通过创新的摆手舞还在第7届全国农运会上荣获了一等奖。石柱将摆手舞列入全民健身计划,投资数百万元建立的少数民族传统体育项目训练基地,主要进行摆手舞、竹铃球等项目的训练。酉阳土家族摆手舞的推广力度更大。在1999年该县推出《酉阳广场摆手舞》,成为该县极具土家民族特色的群众性广场舞蹈。每天傍晚都会有很多群众聚集在广场进行摆手舞的表演。酉阳县城郊的旅游景点桃花源内,每晚也都有土家摆手舞的表演。2002年,酉阳被命名为"中国土家摆手舞之乡"。2004年酉阳二中的学生开始在课间操跳摆手操。2005年酉阳土家族健身摆手舞荣获全国全民健身项目一等奖。据了解,目前酉阳土家族的摆手舞的普及工作已深入千家万户,普及率达80%以上。发展到现在,土家族的摆手舞获得了更为迅速的发展,在全民健身中扮演着极为重要的角色。

(二)苗族风情舞—"踩花山"现状

"踩花山"是彭水苗族人民的盛大节日。于每年正月初一至初六举行。彭水县的文艺工作者以此为题材,通过多年的挖掘、整理、提炼,编排出一套集娱乐、健身为一体的苗族风情舞《踩花山》,作为各界人士和各族群众的广场舞、农村院坝舞全面推广。以此作为该县全民体育锻炼项目,目的在增强体质,以舞会友,交流感情,凝聚人心,推动群众文化向更高层次迈进。目前,彭水的鞍子苗寨民族风情园内有歌舞广场,每天都有群众广场舞"踩花山"的表演。

发展到现在,中东南地区的民族体育项目得到了很好的挖掘与发展,如今主要以土家族摆手舞、苗族风情舞"踩花山"以及秀山花灯三种为主。除此之外,像土家族的高脚竞速、竹铃球,苗族的跳芦笙,侗族的抢花炮等也深受当地少数民族人民的欢迎和喜爱。秀山县曾代表重庆出席第6届少数民族运动会抢花炮比赛,被评为"精神文明运动队"。石柱县自编民族舞蹈《土家竹铃球》在第六届全国民运会上摘金夺银。这些项目观赏性强、易于掌握、对场地设施的要求不高,院场坪坝,随处可演,都比较适合作为全民健身项目进行推广普及。

发展到现在,中东南地区开展民族主要限于几个少数民族自治县,作为中东南地区的民族特色全民健身体育项目,应该尝试在更广阔的范围内开展普及。建议首先可先向周边县市进行延伸传播,然后再逐渐向其他县市进行扩展,最终推广至整个地区甚至是全国,在这样的形势下,中东南地区的民族传统体育文化必将得到更好的传承与发展。

二、中东南地区民族传统体育文化传播与发展的策略

我国中东南地区的少数民族也是比较多的,据粗略统计,大概有14个少数民族。这些少数民族通常都有自身特色鲜明的体育文化,如瑶族的打陀螺、壮族的抛绣球、土家族的高脚马、黎族的跳竹竿等都别具特色,深受人们的欢迎和喜爱。为促进中东南地区民族传统体育文化更好的传播与发展,我们可以采取以下策略。

（一）加强全民健身宣传力度，培养群众的健身意识

受各种客观因素的影响，人们出现了一系列的"现代文明病"，这严重制约和影响着人们的身心健康。在当今社会背景下，人们都非常重视身体健康，在节假日及余暇时间参加各种各样的健身活动，人民群众的健身意识日益增强，对健身项目也有着强烈的需求。在这样的形势和背景下，我国民族传统体育迎来了一个良好的发展契机。

据调查发现，在中东南地区，还有一些少数民族在观念上对民族传统体育存在着一定的误区，认为民族传统体育是可有可无的，他们也很少参加体育活动，这对于本地区民族传统体育的发展是十分不利的。他们中的很多人认为家务劳动以及农业劳动等就等同于体育锻炼，额外参加体育活动及锻炼是没有必要的，这一种观念需要今后扭转与改变。

为促进中东南地区民族传统更好的发展，当地政府部门要充分利用现代信息化传播手段，如微信、微博等，加强本地区民族传统体育的宣传与推广，宣传参加民族传统体育锻炼的重要意义和价值等。在当今全球一体化发展的背景下，我国中东南地区的民族传统体育理应走出去，加强与其他国家伙地区体育文化之间的沟通与交流，实现共同发展和进步。

（二）加大政府部门的组织管理机制

在全球一体化发展的大背景下，世界各国及地区之间的联系越来越密切。相关政府部门要紧紧抓住这一历史的机遇，做好自身的民族传统体育组织与管理工作，为本地区民族传统体育的对外传播与交流奠定良好的基础。为加强本地区民族传统体育与其他地区的沟通与交流，可以成立专门的民族传统体育组织机构，制定具体的发展规划和实施方案，对组织与管理人员进行定期的培训，不断提升其综合素质。

除此之外，为推动中东南地区民族传统体育的进一步发展，当地政府部门还要为其提供必要的政策支持，要加强对城市、农村居民健身锻炼的建设与管理工作，组织广大人民群众投入到民族传统体育健身之中。另外还可以聘请专业人员聘为村寨指导员、志愿者，组织各级部门、学校和离退休人员开展民族传统体育的普及活动，指导人民群众参加科学的锻炼，如此才能创造浓厚的群众基础，为本地区民族传统体育的发

展创造良好的条件。

(三)建立高素质的民族传统体育健身指导员队伍

如今全民健身运动理念已深入人心,"花钱买健康"已不是什么新鲜的事情,在余暇时间人们都乐于参加各种形式的体育运动锻炼。这就为我国民族传统体育的发展创造了良好的契机。为保证人民群众参与健身的规范性和有效性,提高健身的效果,建立一支高素质的社区指导员队伍是非常有必要的。在中东南地区,有些地方健身风气不浓厚,人们参加民族传统体育健身的积极性不够高,没有形成一个良好的健身氛围,这与缺乏专业的指导人员有一定的关系。

大量的实践与事实表明,加强民族传统体育指导员队伍的建设具有重要的意义。在今后的发展过程中,中东南地区政府部门要争取在各个城市、乡镇都能配有专门的体育指导员,同时还要对这些指导员进行定期的培训,提升其综合素质水平,以更好地指导人们参加民族传统体育健身,这对于当地民族传统体育文化的弘扬与传播具有非常重要的意义。

第四节　西南地区民族传统体育
文化的传播与发展

我国西南地区地域辽阔,民族众多,通过多年来的发展,本地区的民族传统体育得到了不错的发展。但具体而言,西南地区民族传统体育在传播与发展的过程中仍然存在不少问题,需要今后大力解决。

一、西南地区民族传统体育的发展现状

(一)西南地区的经济水平有待发展,居民的消费能力也有所欠缺

通过多年来的发展,我国社会经济水平获得了突飞猛进的发展,但区域经济发展不平衡一直是我国存在的一个问题。这尤其表现在东西

部经济方面。具体而言,东南沿海地区经济水平相对较高,科技实力雄厚;西南地区经济水平相对较低,人们的思想观念比较落后,消费能力也相对较低。这对于本地区民族传统体育文化的发展是十分不利的。因此,今后大力发展经济,改善人们的消费观念就成为一个重点解决的问题。

(二)开发民族传统体育资源的力度不足

我国西南地区民族传统体育项目非常丰富,可以说是我国少数民族传统体育项目最多的区域之一,据粗略统计大概有 400 多种。但是受各种客观因素的影响,本地区民族传统体育资源的开发还比较欠缺,因此加大本地区体育资源的开发力度是今后需要特别关注的一个方面。

(三)西南地区民族传统体育的产业化发展相对落后

在产业化发展的今天,加强民族传统体育的产业化发展是一个大的潮流和趋势。据调查发现,我国西南地区的政府并不是很重视当地少数民族传统体育的产业化发展,也没有制定推动其发展的相关文件或政策。发展至今,还没有建立和形成一个完善的产业化发展体系,其产业化发展水平要落后于我国经济发展水平较高的地区。

(四)人们的观念较为落后,影响民族传统体育的发展

据调查发现,我国西南地区人民群众的民族传统体育观念相对落后,这在一定程度上制约和影响着本地区民族传统体育文化的传播与发展。如今人们的生活水平不断提高,休闲时间也越来越多,在休闲时间参加各种形式的体育锻炼成为社会的潮流和趋势。但是西南地区的很多少数民族人民并没有跟上这一时代发展的形势,休闲观念比较落后,这在一定程度上制约着民族传统体育的进一步发展。

(五)民族传统体育的管理比较混乱

总体上来看,目前我国西南地区的民族传统体育在管理方面还存在不少问题,主要表现为管理目标不清晰、管理体制不健全、组织机构不完善等,这对于本地区民族传统体育的发展是十分不利的。

目前,据调查发现,我国西南地区民族传统体育管理的体制缺乏必要的机制保障,这也是我国民族传统体育管理中普遍存在的一个问题。除此之外,西南地区的民族传统体育还存在多头管理,政企不分的现象,这严重制约和影响民族传统体育管理的效率和质量,不利于本地区民族传统体育的发展。

(六)民族传统体育的专业性人才严重短缺

人才可以说是推动事物发展的重要力量,在社会各个领域都是如此。目前,我国西南地区民族传统体育的发展就非常缺乏各种类型的人才,尤其是缺乏管理方面的人才。尽管一些高校设立了民族传统体育专业,为民族传统体育的发展培养了一批人才,但还是远远不够的,只有构建一个科学完善的人才培养模式,才能培养出一大批高素质的民族传统体育人才。

(七)西南地区民族传统体育的品牌化发展不足

总体来看,我国西南地区的民族传统体育的品牌意识不够,也缺少相关体育项目的宣传与推广,这对于当地民族传统体育文化的对外传播与发展是十分不利的。为加强西南地区民族传统体育的品牌化建设,当地政府部门可以多组织一些民族传统体育品牌赛事,逐步提升本地区民族传统体育的影响力。通过各类民族传统体育赛事的举办,能进一步扩大本地区民族传统体育文化的影响力,从而产生良好的辐射作用,对于本地区民族传统体育文化的对外输出及可持续发展具有非常重要的意义。

二、西南地区民族传统体育文化传播与发展的策略

据粗略统计,我国西南地区少数民族大概有 30 多个,其中彝族、傣族、布依族、苗族、回族、土家族等都是其中人数相对较多的民族。如何在当今时代背景下更好地传播与发展这些体育项目就成为今后一个重点课题。为推动本地区民族传统体育文化的传播与发展,我们可以采取以下策略。

（一）加强西南地区民族传统体育与现代体育的融合

伴随着我国体育事业的快速发展，民族传统体育的发展也日益受到重视。如今在"一带一路"倡议的引领下，我国西南地区民族传统体育的发展也迎来了一个良好的契机。我国西南地区的民族传统体育项目内容丰富，特色鲜明，能给人以强烈的冲击，对人们具有较强的吸引力。如抢花炮、珍珠球、蹴球、木球等都是本地区特色的民族体育项目，这些项目与现代竞技体育之间的差别较大，但二者之间并不是矛盾对立的，可以通过沟通与交流实现共同发展。

我国西南地区民族传统体育要想在当今社会背景下获得更好的发展，就需要坚定不移地坚持"走出去"的发展战略，不断加强与现代体育的融合，汲取其成功的经验，这样才能实现突破式发展。

（二）抢救与保护濒临灭绝的西南地区民族体育项目

受各方面因素的影响，我国西南地区的民族传统体育发展受到了一定的冲击。其中有一些项目在当今时代背景下难以获得发展，甚至濒临灭绝的边缘。针对这一情况，我们应做好西南地区少数民族传统体育的抢救与保护工作，使那些具有重要价值的民族传统体育活动不至于消亡。当地政府部门要组织相关人员做好民族传统体育的抢救与保护工作，这一点一定要引起高度重视。

（三）利用民族运动会改进西南地区民族传统体育

在西方竞技体育的强烈冲击下，我国民族传统体育的发展举步维艰，因此为推动西南地区民族传统体育的发展，必须要有所创新和突破。其中，根据具体实际情况将这些具有一定地区特色和竞技性的体育项目吸收进少数民族运动会是一个很好的手段。

为推动我国西南地区民族传统体育的更进一步发展，必须要加强其与其他国家体育文化的沟通与交流，增加自身项目的竞技性成分，制定相应的竞赛规则并使之逐步规范化。目前来看，我国西南地区很多项目的竞赛规则都不是很完善，这对于相关的体育赛事活动的举办是十分不利的。当然，也有一些民族传统体育项目获得了不错的发展，如赛马、珍珠球等项目都有了比较完善的竞赛规则，吸引了大量的人群参与。

在今后发展民族传统体育的过程中,修改或规范民族传统体育项目竞赛规则需要注意以下几点。

（1）在加强民族传统体育项目与竞技体育结合发展的同时还要尽可能地保留这些项目的民族特色。

（2）改造民族传统体育项目的器材,使之更加符合现代体育比赛的要求。如改造毽球的器材便于比赛中的攻防等。

（3）效仿和借鉴现代体育竞赛规则的制定规范,在民族传统体育竞赛规则、裁判法、场地器材等方面都要制定出完善和规范的规则。

第五节　闽台地区民族传统体育文化的传播与发展

闽台地区指的是福建和中国台湾地区,这一地区的民风民俗比较相似,一些民族传统体育文化也有着相似之处,加强这一地区民族传统体育文化的发展对于我国整个体育事业的发展也具有重要的意义。

一、闽台地区民族传统体育的发展现状

（一）外部发展情况

（1）伴随着现代社会的快速发展,各种高科技技术都得到了非常广泛的利用,现代化的生产方式逐渐取代了人们传统的劳动方式,给人们带来的极大的便利。在这样的时代背景下,闽台地区的传统劳作方式和人们的生活方式也发生了较大的变化,一些民族传统体育失去了原来的生存土壤,难以获得进一步的发展,甚至有一些项目濒临灭绝。

（2）受西方现代体育文化的冲击,闽台地区的民族传统体育发展举步维艰,很多的传统体育项目难以与西方竞技体育相抗争,处于一个较为弱势的地位。

（3）我国闽台地区的民族传统体育项目众多,但其组织管理水平并不是很高,民族传统体育发展的环境没有得到很好的改善,这对于其未来的发展是十分不利的。

（二）内部发展情况

关于闽台地区的内部发展方面，主要存在以下两个方面的问题。

（1）闽台地区的民族传统体育文化内容是非常丰富的，但是传承方式却比较单一，通常情况下主要依靠人力传播——"言传身教"，在当今社会背景下，这种文化传承方式显得比较落后，培养传承人会耗费大量的时间和精力。

（2）在当今社会背景下，对闽台地区民族传统体育文化发展比较有利的方面是，我国政府部门能为本地区民族传统体育的发展带来一定的政策支持，尤其是在"一带一路"倡议下，闽台地区的民族传统体育迎来了良好的发展契机。

二、闽台地区民族传统体育文化传播与发展的策略

为促进闽台地区民族传统体育文化的传播与发展，我们应从政府、学校、社会等三个方面寻求发展的思路与策略，为本地区民族传统体育文化的发展提供全方位的保障。

（一）政府方面

（1）政府相关部门要根据闽台地区民族传统体育的发展实际制定相关的政策或文件，为本地区民族传统体育文化的传播与发展提供良好的政策保障。

（2）加强大陆各少数民族地区体育文化与闽台地区间体育文化之间的沟通和交流，实现融合与发展。这符合当今区域一体化和全球一体化发展的背景与趋势。

（3）在闽台地区的相关区域定期举办一些关于民族传统体育文化的主题活动，加强本地区特色民族传统体育项目的宣传，进一步扩大这些项目的影响力，打造独居区域民族特色的体育品牌。

（二）学校方面

学校一般都拥有较为丰富的教育资源，在学校中开展民族传统体育

教育具有得天独厚的优势。在今后的发展中,我们要不断深入挖掘和应用学校的各类资源,争取构建一个科学有效的闽台民族传统体育文化的知识体系,改善闽台地区民族传统体育文化民间发展不足的情况。通过学校体育教育这一途径的利用,闽台地区的民族传统体育能够得到快速而有效的发展。

(三)社会方面

(1)总体而言,闽台地区的"山""水"资源都比较丰富,因此诞生了与山水有关的很多的民族体育项目,如龙舟赛、抓鸭子、水神"妈祖"祭典、"送王船"等活动都受到当地人民群众的青睐。因此,在闽台民族传统体育文化发展的过程中,当地政府部门可以突出"山""水"特色,充分利用当地的特色体育资源,开展别具风格的民族传统体育活动,以吸引广大的体育旅游爱好者的参与。

(2)除此之外,还可以在社会上定期举办一些富有本地区特色的民族传统体育大会或赛事,激发人民群众参与的热情和积极性,通过吸引大量的人群的参与,提升闽台地区民族传统体育文化的影响力,如已经成功举办多次的"嘉庚杯""敬贤杯"海峡两岸龙舟邀请赛等就是很典型的例子。

第七章 全球化视野下我国民族传统体育文化传播与发展的路径探索

在全球化浪潮下,世界各国及各民族都在积极将本民族文化向世界各地推广与传播,并在传播民族文化的同时对本民族的精神予以弘扬,以提升本民族文化的国际认同感。中华民族传统体育文化达到在全球化视野下的认同对其自身的发展具有重要意义。因此我国要积极探寻在全球化背景下进一步传播与发展民族传统体育文化的科学路径与多元渠道,从树立新的传播与发展理念、建设与完善民族传统体育政策、推动民族传统体育产业化发展以及培养优秀的民族传统体育人才等多渠道出发而促进民族传统体育文化的可持续发展,本章重点对这些传播与发展路径展开研究。

第一节 树立"人类命运共同体"的基本理念

人类命运共同体是以习近平总书记为核心的党中央在中华民族伟大复兴战略全局和世界百年未有之大变局的时代背景下,统筹国际国内两个大局,提出的原创性、时代性概念,在国际上产生了重大影响。人类命运共同体思想具有中华优秀传统文化中"天下大同"情怀的底色和中国共产党为中国人民谋幸福、为中华民族谋复兴、为人类谋和平与发展的亮色,彰显着中国国家治理和参与全球治理的贯通性特征。习近平总书记在十九大报告中强调要深入挖掘中华优秀传统文化,更好地传播中华文化,弘扬民族精神,展现大国力量,创造中国价值。中华民族传统体育是中华优秀传统文化的典型代表,其蕴含"以身为本、以和为贵、天下主义、和谐中庸"的文化内蕴,通过与不同文化交流对话,使其思想内核和精神文明深入各国人民内心,有利于"建设持久和平、公平正义、普遍安全、共同繁荣、开放包容、清洁美丽的世界,共同创造人类的美好未来",同时也利于促进中华优秀传统文化走出国门,为构建世界人类命运共同体贡献力量。①

一、"人类命运共同体理念"的内涵

"人类命运共同体理念"有着丰富的内涵,主要涉及下面五个领域。

(一)外交观:持久和平

全球化时代背景下,国家之间的合作呈现出内容越来越丰富、领域越来越广泛以及层次越来越深入的趋势,全世界人民都渴求世界和平,国家和平,这是每一代人的共同理想,也是人类的最高理想。世界各国之间的紧密联系使得和平发展成为主流趋势,这是不可否认的事实。只有国际大环境是和平与和谐的,国家之间的交流与合作才会更加顺利,各国通过国际交往才能更好地推动本国的发展,并携手共同促进世界的发展。在合作共赢、和平发展的美好理念下,我国一直以来执行不结盟的准则,在外交上坚持中国特色,在独立自主的基础上寻求合作与发展,维护世界和平。

(二)安全观:普遍安全

在全球多元化发展背景下,安全问题应该被各个国家重视起来,"共同、综合、合作、可持续"的安全观是人类命运共同体理念的重要内涵之一。曾经有一些霸权国家仰仗自己有广阔的领土、高速发展的经济以及很强的综合实力而在世界上胡作非为,欺负弱小国家,破坏世界秩序与和平,但最终结果也并没有如其所愿,反而将自己置身于危险的环境下。我们要吸取教训,树立普遍安全的正确观念,使世界各国都能在安全的环境下谋求长远的发展与繁荣。

---

① 周惠新,欧玉珠,周圣文.中华民族传统体育跨文化传播助力人类命运共同体研究[J].浙江体育科学,2020,42(05):1-8.

（三）发展观：共同繁荣

全球化体现在多个领域，其中包括非常重要的经济全球化。国际经济发展呈现出鲜明的全球化趋势，在这一经济大环境下，各国之间频繁进行经济往来和经济合作，任何国家都要在世界经济环境下才能实现本国经济的发展，脱离世界是不可能发展的。世界各国都在一条大船上，风平浪静时，船顺利起航和前进，船上各个国家都能获益，一旦遇到大风大浪，船颠簸难行，那么各国都有危险，可见世界就是一个命运共同体，各个国家之间相互影响。因此，各国在谋求本国经济利益的同时，也要考虑与自己密切联系的其他国家的利益，反过来也能从其他国家的发展中获益，否则将会陷入唇亡齿寒的境地。

（四）文化观：开放包容

世界文明是丰富多样的，这是人类文明的一个重要特征。在文化全球化背景下，世界各国有越来越多的文化往来与交流，各国与各民族文化相互融合、碰撞，推动世界文化繁荣发展。对于任何一个国家来说，文化都是必不可少的重要组成部分，作为国家的重要印记、符号，文化的重要性不言而喻。各个国家通过文化交流、互动与碰撞，对世界各地的自然文化和社会文化有进一步的认识与了解，一些重要的节日文化在全世界都会掀起热潮，如我国的春节、西方的圣诞节等。我们要承认世界文明的多样性，要尊重各个国家的文化，倡导各国在文化层面上的平等交流与友好互动，共同创建开放包容的全球文化大家庭，推动世界文明的进步与各国文化的繁荣。

（五）生态观：清洁美丽

21 世纪，全世界都在积极倡导可持续发展理念、绿色发展理念。随着科学技术水平的提高和生产力的快速发展，人类为了短期经济利益而严重破坏地球家园，对大自然的利用与开采已经超过极限，最终导致严重生态环境问题的发生，如生物锐减、地球变暖、土地荒漠化等问题。如果人们依然不知反省，为所欲为，肆意破坏环境，那么终将会失去赖以生存的地球家园。我们倡导可持续发展观，要求遵循自然规律而发展经济，不能以破坏环境为代价而为己谋利。我们应该将保护生态环境和发

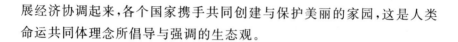

展经济协调起来,各个国家携手共同创建与保护美丽的家园,这是人类命运共同体理念所倡导与强调的生态观。

二、"人类命运共同体理念"的理论渊源

我国提出"人类命运共同体理念"是有着深刻理论渊源的,具体表现在以下几个方面。

(一)马克思主体共同体思想

在马克思主义社会形态理论中,共同体思想是非常重要的内容之一。人类以共同体的形式而生存,共同体也是人类社会组织与形成的最初形式。人类社会离开共同体就不可能出现,理想的人类社会要建立在理想的共同体基础上。我们今天所提倡与强调的人类命运共同体是人类自由与全方位发展的真正共同体,这是马克思提出的一种人类社会发展形式或发展阶段,这是基于对生产力水平和人类自由度的考量而提出来的。在自由与全面发展的共同体中,调动所有人的能动性、积极性和热情,使所有人都能从事自己感兴趣的工作,都能积极生活,将自身优势与特长发挥出来,而又不被外界影响。在这个共同体中,人人生而平等,任何福利都能被人们平等享有,人人都能最大化地实现自我价值。总之,这个共同体是强调平等、自由的共同体。

(二)和合思想

"和合思想"是中国传统文化的重要内容,这也是我国提出人类命运共同体理念的根本渊源。随着时代的进步与社会的发展,传统文化中这一思想的内涵逐渐丰富,人们对此做出了新的解释,有了新的认识与理解,而且解决现代人类社会发展中遇到的问题时也受到了"和合思想"的启发。和合思想提倡人与自然友好相处,和谐共存,这与可持续发展理念是相契合的。人类命运共同体理念中清洁美丽的生态观充分反映了这一思想主题。"和合思想"中的"和"在全球化语境下既可以理解为和谐,也可以理解为和平,和谐与和平都是人类命运共同体理念倡导的重要观念,即世界上各个国家之间和谐相处,世界和平发展,这也是人类向

往的美好生活,是人类社会的美好期许。人类从始至终都渴望过上衣食无忧的好生活,这是全世界人民的共同期盼,而提出人类命运共同体理念能够帮助人们实现这个愿望,这也是这一理念提出的一个重要意义。"和合思想"在新时代还被赋予了和而不同的内涵,即倡导尊重多元文化,允许不同文化共存、共同繁荣,倡导不同文化在交流与碰撞中取长补短,各自完善,实现全球文化的繁荣发展。古人憧憬着天下大同,我国继承了天下大同思想,并在此基础上进一步发展,提出了人类命运共同体理念,以实现真正的天下大同,实现世界和平、各国共同发展的美好理想。

(三)和平外交思想

我国近些年不断探索如何对国际关系进行正确、妥善的处理,在不断的探索中提出了一些具有代表性的外交思想与理念,这也是我国提出人类命运共同体理念的重要思想基础,具有非常重要的启发性和启示意义。新中国成立以来我国具有代表性的外交思想见表 7-1。

表 7-1 新中国成立以来我国的外交思想①

时期	外交思想
新中国成立初期	和平共处、求同存异
20 世纪 50 年代到 20 世纪 90 年代	和平发展
冷战结束后	建立国际政治经济新秩序
21 世纪	和谐世界
新时代	全面推进中国特色大国外交

---

① 贺春阳. 人类命运共同体理念研究[J]. 今古文创,2021(13):56-57.

第二节　加强民族传统体育政策体系的建设

一、民族传统体育政策发展的问题分析

（一）政策制定中主体诉求不高

广大人民群众包括少数民族群众是民族传统体育政策面向的主体，制定民族传统体育政策，主要就是为了服务于这些主体，为这些主体创造利益，并维护他们的利益。主体的真实诉求是我们制定民族传统体育政策需要重点考虑的因素。但我国政府部门或行政部门主要采用传统的自上而下的模式来制定民族传统体育政策，对人民群众的真正诉求与需要并没有过多考虑，脱离主体的政策是不具备有效性的。此外，一些地方政府借鉴其他地区的相关政策而制定民族传统体育政策，或从其他行业的政策中受到启发后，简单修改便出台实施，人民群众的真正诉求被忽视。一些少数民族传统体育政策存在很高的相似性，同一政策被多次借鉴、借用、修改，没有新意，与实际不符，尤其是与各民族传统体育发展的实际情况不符，严重影响了民族传统体育的发展，无法真正保护人民群众的切身利益。一些体育行业会出台关于民族传统文化的保护政策、开发利用政策，而这些政策也部分适用于民族传统体育文化，因此直接被地方政府或行政部门借鉴使用，虽然在一定程度上起到了保护民族传统体育文化的作用，但是因为没有调查主体的真正诉求，所以显得有些盲目、随意，这些相关政策即使被执行，也难以取得预期的良好效果。

（二）政策体系中存在不足之处

我国自新中国成立以来制定的体育政策中和民族传统体育有关的政策并不少，这些政策在传播、传承及保护民族传统体育文化，推动民族传统体育可持续健康发展方面发挥了重要的促进作用。但从现有的政策体系来看，依然存在不少问题和缺陷，下面主要分析现有政策体系中存在的三个重要问题。

1. 政策缺乏主动性

我国制定民族传统体育政策,缺少主动规划与提前预测,一般都是在民族传统体育的发展出现问题后,提出一些补救性措施,显得很被动,而且有时即使作了及时的补救,也或多或少造成了损失。

2. 政策缺乏有效性

我国民族传统体育政策体系中,一些政策缺乏有效性。以专门为少数民族传统体育发展而制定与出台的法规——《关于加强少数民族传统体育工作的意见》(2006年)为例,这一法规对建设体育基地、培养体育人才、发展民族地区大众体育作了重点强调,但很少有关于保护与传播少数民族传统体育文化的条例,而且目标指向不明确,内容宽泛不具体,这就影响了这项文件的有效性。

3. 政策缺乏完善性

我国民族传统体育政策体系中有很多宏观政策,涉及民族发展、体育发展、文化发展等多个方面,这些宏观政策中存在不符合民族传统体育实际的内容,执行起来存在难度。以《中华人民共和国非物质文化遗产保护法》(2011年)为例,法律强调保护我国的非物质文化遗产,重点保护非物质文化遗产的整体性和真实性,并将传承与保护结合起来。但是没有提出明确的保护标准,即如何保护才算是保护了真实性和集体性,这就影响了保护的可操作性。而且一些少数民族传统体育文化作为非物质文化遗产具有动态性,所以要界定与判断是否真正保护了这类遗产是有一定难度的。①

(三)政策执行受到一些因素的阻碍

政策被制定后,只有真正执行、落实,才能发挥它的作用,这是制定政策的现实意义。如果政策被制定后束之高阁,大搞形式主义,而不真正去落实,那么再好的政策也是没有意义的。我国为推动民族传统体育的发展,出台了很多关于传承、保护、发展的政策,但在执行政策的过程

---

① 殷鼎,杨建鹏.我国少数民族传统体育政策发展研究[J].体育文化导刊,2017(10):39-42.

中遇到了一些因素的阻碍,从而导致政策的作用难以得到最大程度的发挥。影响政策执行的因素包括内在因素与外在因素。

1. 内在影响因素

影响我国民族传统体育政策执行的内部因素有以下几方面。
(1)缺少政府的经费支持。
(2)执行部门之间缺少配合,人力资源不到位
(3)政策缺少刚性,缺乏高层及政策,影响执行效果。
(4)执行政策需要很长时间,政策起效又需要一些时间,周期长。
(5)政策执行人员缺乏责任感。

2. 外在影响因素

影响我国民族传统体育政策执行的外部因素有以下几方面。
(1)宣传不到位。
(2)缺乏良好的保障条件。
(3)受众的配合意识差。

二、构建与完善民族传统体育政策体系的对策研究

(一)实事求是地制定政策

马克思主义理论提出了一切从实际出发,实事求是的重要思想与原则。我国不管开展什么工作,解决什么问题,都要遵循这一基本原则。我国制定民族传统体育政策,主要是为了服务于人民群众,保护与传承民族传统体育文化,推动民族传统体育的持续发展。因此我们要基于对受众真实诉求的调查与考虑而制定民族传统体育政策。收集人民群众的诉求或意见时必须实事求是,而且要结合其他实际情况尤其是民族传统体育发展的现状以及我国的国情而制定政策,以使政策能够真正解决现实问题,推动民族传统体育的可持续发展。

(二)因地制宜地执行政策

我国是多民族国家,各民族在漫长的历史变迁与发展演进中形成了

自身的独特性,表现在社会经济、生活习俗、自然环境、价值理念等多个方面,各民族的差异性给民族传统体育政策的制定与执行增加了难度,政策执行效果不理想,也导致各民族传统体育发展良莠不齐。这就要求地方政府结合各民族实际情况而有选择、有针对性地执行民族传统体育政策,在执行政策时灵活应变,提高政策的执行效力与效果。

(三)统分兼顾完善政策

要完善民族传统体育政策,提高民族传统体育政策体系的科学性、全面性及有效性,就要采取统分兼顾的方式。制定与执行政策以及构建政策体系,要对相关要素予以综合考虑,将整体划分为若干要素,再将各要素整合成整体,先"统"(整体)后"分"(部分)再"统"(整体),从整体上来看,要对政策体系的各个方面予以全面考虑,提高政策的前瞻性、主动性以及可操作性。从部分来看,要兼顾好中观政策与微观政策,有针对性地实施子政策。

(四)大力落实保护政策

世界各国和各民族文化的交融促进了丰富多彩的世界文化的形成。在全球化背景下,各国和众民族表现出多样化的民族文化特性。作为民族文化和体育文化重要组成部分的民族传统体育文化同样具有多元性,我们要积极保护多样化的民族传统体育文化,主动制定保护政策,并认真落实政策,以促进民族传统体育文化的可持续传承与发展。

第三节　推动民族传统体育产业化发展

一、民族传统体育产业概述

(一)民族传统体育产业的概念

民族传统体育产业是生产和提供各种民族传统体育产品和民族传统体育服务的各行业的总称,其包括民族传统体育服务业和民族传统体育相关产业。

（二）我国民族传统体育产业的结构

随着社会的不断进步和经济的快速发展，人们对民族传统体育产品与服务的需求也不断增长，为了方便人们更好地参与民族传统体育活动，需加强对民族传统体育产业结构的优化，向消费者提供优质服务。优化该产业的结构首先要了解其基本构成，如图 7-1 所示。

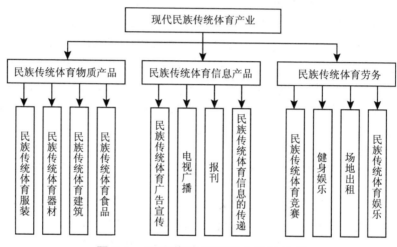

图 7-1　民族传统体育产业的结构①

（三）民族传统体育产业的经营模式

市场营销学中有一个非常重要的"五种经营观"营销理论，包含生产观念、产品观念、推销观念、市场营销观念和社会营销观念。企业在运营过程中，不管是经营决策，还是组织与管理市场营销活动，都要以"五种经营观"中的市场营销观念为基本指导思想。对于企业而言，市场营销观念是一种经营哲学观，企业是否在该观念的指导下进行经营与管理，直接体现了其态度与思维方式。"五种经营观"中的社会营销观是非常重要的营销观念，该观念要求企业在生产经营的过程中，不仅要考虑消费者的需要，还要考虑消费者和整个社会的长远利益。将常见的几种体

---

① 田祖国，郭世彬．民族传统体育［M］．长沙：湖南大学出版社，2018.

育产业经营方式分别对应到相应的经营观念中,可以得出民族传统体育产业结构经营模式,如图 7-2 所示。

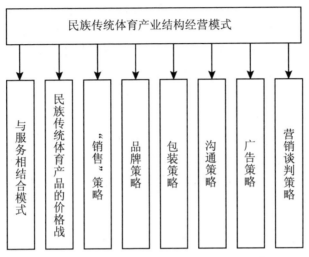

图 7-2　民族传统体育产业经营模式①

二、民族传统体育产业化发展路径探索

(一)与市场需求保持一致

要想加快发展民族传统体育,就要注重改革,加快创新步伐,了解消费者的需求,与市场需要保持一致,刺激消费,拉动消费。在市场营销中,要重点宣传民族传统体育产品的亮点,突出产品"人无我有,人有我优"的闪亮之处,将民族特色融入产品,以激发消费欲望,使目标顾客的消费积极性被调动起来。目标市场的消费需求是生产民族传统体育产业的基础导向,要做好对目标市场与目标消费群体的准确定位,通过多方面的宣传来使消费者更多更深入地认识民族传统体育,使其消费欲望不断提升。

---

①　田祖国,郭世彬．民族传统体育[M]．长沙:湖南大学出版社,2018.

（二）发展地区经济

政府对民族传统体育产业发展的支持是非常重要的，这种支持不仅包括政策倾斜，也包括资金支持。政府加大资金投入力度，积极推动民族地区经济建设，为民族传统体育产业的发展提供良好的社会经济环境。民族经济发展必然能够带动民族产业发展，只有经济强大了，经济实力提升了，才能为民族传统体育产业的持续稳定发展提供基础保障。

另外，社会上有不少企业对民族传统体育产业的发展给予了很大的支持，对于这些企业，政府也要加大扶持力度，从税收上给予一定的政策倾斜，鼓励这些企业为民族经济和民族传统体育产业发展所做的贡献，并激励更多的企业支持民族传统体育产业的发展，以促进民族传统体育产业发展机制的不断完善。

（三）重视对民族传统体育文化的传承

民族传统体育文化承载着先辈的心血、智慧与汗水，其独特的文化内涵、突出的历史文化价值都值得后代人大力传承。当前我国民族传统体育文化传承受重视程度不高，很多优秀的文化成果濒临危机，处境危险。而要发展民族传统体育产业，就必须加强对民族传统体育文化的弘扬与传承，传承优秀的民族体育项目，记录与保存优秀的民族文化，利用科技手段保护好民族文化，从而为民族传统体育产业发展提供文化支撑及丰富的资源库。

（四）加强民族传统体育自主品牌创新

1. 准确的品牌定位

品牌的发展离不开市场，不同的消费群体需求构成了市场需求。品牌的发展就是要满足这种市场需求，不断满足消费者的需求是品牌生存价值的重要体现，只有使品牌充分满足消费群体的需求，才能提升消费者对品牌的忠诚度。我国民族传统体育产业发展过程中，不但要满足国内体育爱好者的需求，还应将国外的体育爱好者看作潜在消费者，满足这部分消费者的需求，从这一角度来看，民族传统体育产业的发展具有国内、国际两个市场。要满足两个市场中所有消费者的需求，就要了解不同消费群体的特定需要,从而充分实现品牌的价值。通过研究发现,成功的企业在顾客忠诚度上一般都具有显著的优势。企业创立品牌产品,不仅注重品牌的功能性、标识性,而且要充分考虑品牌能否满足客户需求。不同的消费者对品牌的理解不同,企业只有深入了解不同客户的品牌意识与品牌情感,才能创造出符合消费者需求的品牌产品。

2. 加大广告宣传

民族传统体育产业化发展以广告诉求定位和宣传定位为保障,只有充分认识到这一点,才能通过有效的营销手段来提升品牌形象。民族传统体育产业品牌产品的销售情况直接受产品宣传速度和宣传质量的影响,加大广告宣传力度,扩大宣传范围,提高宣传质量,能够为品牌产品打开一条良好的销路。

3. 依托民族传统体育文化来提升民族传统体育形象

企业文化建设与品牌创建具有密切关系,可以说企业文化在一定程度上决定了品牌生命周期的持久性。目前,各大企业都比较重视企业文化的建设,都希望借此来提升企业形象。在企业的发展过程中,企业文化建设已逐渐成为非常重要的竞争手段。如果一个企业没有建设自己的企业文化,那么就无法激励员工上进,难以提高员工的工作积极性。企业发展到一定阶段之后,就必须建设属于自己的企业文化,以此来不断提升企业竞争力,企业没有企业文化很难做大做强。

企业文化是任何一个企业重要的精神支柱,企业文化的建设需要经历一个长期的过程,需要企业不断地累积、酝酿与探索。我国一些成功的企业之所以能够做强做大,一个主要原因就是建设了自己的企业文化。因此,在民族传统体育产业的发展过程中,应注重建设企业文化,以企业文化来激励员工,感染消费者,从而提升企业在消费者心中的形象。[①]

(五)推动民族传统体育与旅游业的融合发展

1. 构建民族传统体育与旅游业融合发展的机制

民族传统体育与旅游业融合发展的动力系统结构模型如图 7-3 所

---

① 秦钢. 我国民族传统体育文化资源与产业发展研究[D]. 武汉理工大学,2012.

示。该模型主要包括以下四个子系统。

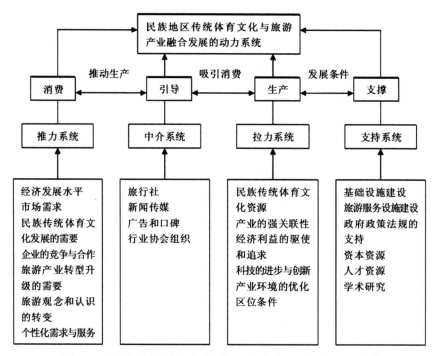

图 7-3　民族传统体育与旅游业融合发展的动力系统①

（1）推力系统

该系统为民族传统体育与旅游业的融合提供原动力（根本动力）。

（2）拉力系统

该系统为民族传统体育与旅游业的融合提供诱发力（驱动力）。

（3）中介系统

该系统将前两个子系统联系起来，使二者的作用得以发挥。

（4）支持系统

该系统为民族传统体育与旅游业的融合发展提供支撑和保障。

在整个动力系统中，上述子系统相对独立，又密切联系，相互影响，相互作用，只有各个子系统各自发挥作用，并相互协调，才能促进民族传

---

① 陈炜．民族地区传统体育文化与旅游产业融合发展的驱动机制研究[J]．广西社会科学，2015(08)：194-198.

统体育与旅游业的融合发展。

上述几个动力系统共同构成了民族传统体育与旅游业融合发展的驱动机制,机制模型如图 7-4 所示。

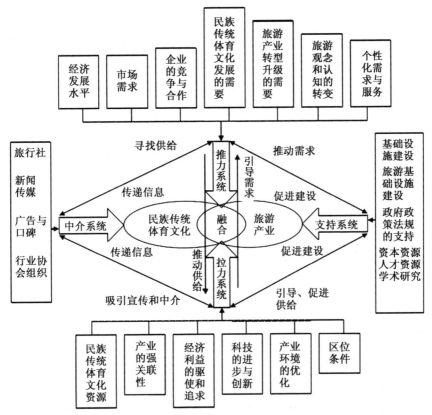

图 7-4　民族传统体育与旅游业融合发展的驱动机制①

2. 培育市场,消除需求障碍

市场为民族传统体育与体育旅游的融合提供了根本动力。充分发挥文化创意的作用,培育民族传统体育旅游市场,科学构建以民族传统体育为主题的旅游园区,打造出民族传统体育旅游品牌,最终提升民族传统体育旅游产品的互动性、体验性以及参与性。此外,加强体制突破

① 陈炜.民族地区传统体育文化与旅游产业融合发展的驱动机制研究[J].广西社会科学,2015(08):194-198.

以及相关机制的革新,最大限度地发挥市场与政府的双重作用,正确引领社会资本大力开发有关民族传统体育旅游的新型产品以及新兴业态,促使体育旅游消费者进一步认可民族传统体育旅游产品。

3. 加强规划,拓宽融合功能

政府有责任强化民族传统体育文化和体育旅游产业融合与发展的专项规划建设,设法把民族传统体育旅游设施与品牌项目纳入地方经济发展规划中。在民族传统体育和旅游全方位融合以及确定发展方向后,尽可能盘活民族体育文化与旅游产业资源存量,高质量完成分层工作和分类工作,有重点、有计划地扶植龙头项目。

从横向和纵向两个层面着手拓展民族传统体育和旅游业的融合功能,横向拓展侧重于价值集成型融合,将更多的第三方关联产业纳入旅游体系中;纵向拓展侧重于价值联结型融合。[①]

第四节　培养高素质的民族传统体育人才

一、科学构建高校民族传统体育人才培养模式

高校是培养民族传统体育人才的重要基地,高校为培养专业的、优秀的民族传统体育人才设置了民族传统体育专业。随着该专业的不断完善,人才培养质量逐渐提升,推动了中华民族传统体育的发展。为了进一步提升高校民族传统体育专业的人才培养质量,有关学者结合该专业的开展情况而构建了"四三三"民族传统体育人才培养模式,如图 7-5 所示。

---

① 陈炜. 民族地区传统体育文化与旅游产业融合发展的驱动机制研究[J]. 广西社会科学,2015(08):194-198.

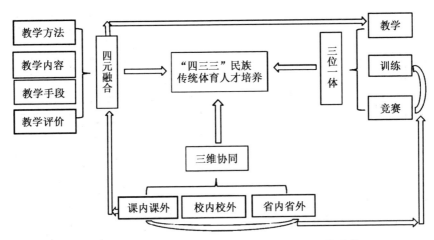

图 7-5　"四三三"民族传统体育人才培养模式①

　　"四三三"民族传统体育人才培养模式中"四"指的是四元融合,第一个"三"指的是"三位一体",第二个"三"指的是"三维协同",具体分析如下。

(一)"四元融合"

　　四元融合指的是民族传统体育专业教学体系中教学内容、教学方法、教学手段以及教学评价的协调与融合。高校设置民族传统体育专业课程具有一定的自主性,而且自由度比较大,要以社会对民族传统体育人才的需求为依据而进行专业化培养,并为民族传统体育专业学生未来就业或创业奠定良好的基础。高校民族传统体育课程体系既要体现出专业性,也要彰显学校的办学特色,在完善特色化民族传统体育课程体系的过程中,要不断改革与优化民族传统体育教学内容、教学方法手段以及教学评价模式,具体思路如图 7-6 所示,通过对这些教学因素进行革新,以提高民族传统体育课程质量,进而提高专业人才培养质量。

---

　　① 蓝建卓.民族地区高校少数民族传统体育人才培养路径研究——基于《普通高等学校本科专业类教学质量国家标准》》[J].河池学院学报,2020,40(04):82-87.

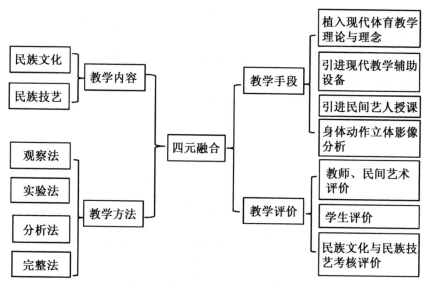

图 7-6 "四元融合"课程体系①

(二)"三位一体"

要推动中华民族传统体育在全球化背景下的可持续发展与传播,就要开辟多元化的传播与发展路径,尤其要重视培养专业的、高水平的、复合型的民族传统体育人才。现阶段,我国高校在培养民族传统体育人才方面存在很多不足与缺陷,如教学理念落后、教学方式老化、缺乏专业师资队伍、尚未建立健全人才培养机制以及专业教学与人才培养缺乏创新等等。认清这些问题后,就要从现实出发考虑解决对策,制定全新的民族传统体育人才培养方案。这就需要以高校民族传统体育专业这一重要的人才培养平台为依托而建立可持续化的人才培养方案,强调民族传统体育教学、民族传统体育训练、民族传统体育竞赛的有机结合(图 7-7),从而提升学生的民族传统体育文化理论素养,增强其运动技能和参赛能力,逐步实现从普及到提高再到专业化的人才培养目标。

---

①　蓝建卓.民族地区高校少数民族传统体育人才培养路径研究——基于《普通高等学校本科专业类教学质量国家标准》[J].河池学院学报,2020,40(04):82-87.

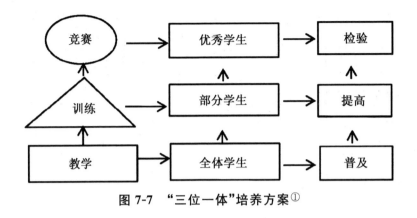

图 7-7　"三位一体"培养方案①

（三）"三维协同"

　　培养优秀的民族传统体育人才,要对人才培养的基本规律予以遵循,并对培养机制的内部运行模式进行探索,从而采取多种有效的手段而一步步实现预期的人才培养目标。培养民族传统体育专业人才,要努力提升培养对象的核心素养,不断完善人才培养制度,健全人才培养的保障机制,以保障人才培养质量与水平。在人才培养中,要对高校教育资源进行优化配置与高效利用,要注重对培养对象主观能动性的激发,重视对培养对象创新能力的培养,更为关键的是,要结合社会需求和学生的就业需求而创建三维协同的培养机制,包括课内与课外的协同,校内与校外的协同以及省内与省外的协同,如图 7-8 所示。三个维度的协同有助于促进人才培养平台的拓展,提高人才培养效率及效果,并能够使高校民族传统体育专业学生的社会服务能力以及创新能力得到有效提升。

---

　　①　蓝建卓.民族地区高校少数民族传统体育人才培养路径研究——基于《普通高等学校本科专业类教学质量国家标准》[J].河池学院学报,2020,40(04):82-87.

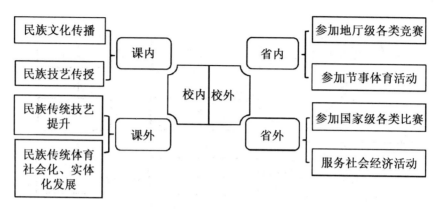

图 7-8 "三维协同"培养机制①

二、将基础教育和专业教育的关系处理好

高校在培养民族传统体育专业人才方面,要注意对专业与课程的灵活设置,要体现出设置的柔性化,要综合社会对专业人才的需求和个人价值实现的需求而培养全面发展的人才。传统的高校民族传统体育教学模式比较封闭,对民族传统体育专业课程的设置也只是机械化地或单纯地以民族传统体育专业的培养目标为依据,只给学生传授该专业需要的知识或技能,以基础理论课程和技能课程为主,这就导致民族传统体育专业的学生知识结构单一,缺乏广阔的知识面,虽然能够满足就业需求,但是与社会对复合型人才的需求还有一定的差距。因为专业课程的覆盖面较窄,而且过于细化,所以学生也缺乏扎实的基础理论知识和良好的知识应用能力、社会适应能力以及创新能力。针对这一问题,高校民族传统体育专业在培养专业化人才和复合型人才的过程中要将基础性教育和专业化教育的关系妥善处理好,注重对基础教育的延伸以及专业教育的拓展,将人文教育融入专业教育中,并根据社会需要而灵活调整专业方向及课程体系,以提高民族传统体育专业学生的社会适应能力,满足社会之需。

---

① 蓝建卓.民族地区高校少数民族传统体育人才培养路径研究——基于《普通高等学校本科专业类教学质量国家标准》[J].河池学院学报,2020,40(04):82-87.

三、注重学科的交叉与渗透，全面提升民族传统体育人才的综合素质

高校民族传统体育教学思想较为落后，过分强调传授民族传统体育理论知识和运动技能，而忽视了对学生综合素质的培养，包括人文素质、开拓创新能力、合作精神以及竞争力等。单一的课程结构必然导致学生知识与能力发展受限，因此在民族传统体育教学中要注重与其他学科教学的渗透及融合，实施交叉教学与整合教学，尤其要将其他学科的相关前沿知识运用到民族传统体育教学中，并将传统教学内容与新兴教学内容的关系处理好，既要更新、创新，也不能摒弃优秀的经典的教学内容，从而使民族传统体育专业学生的知识结构不断更新、拓展、优化，提升其文化素养与综合素养。

四、采用"校企结合"的路径培养高素质的民族传统体育人才

高校与企业联合培养优秀的民族传统体育人才已经成为一个趋势，校企结合的人才培养路径在人才培养实践中取得了可观的成果，因此要大力推广该路径，并不断完善这一人才培养模式，进一步提高对民族传统体育人才的培养质量。

(一)设立专门机构，明晰职责

高校民族传统体育专业与社会相关企业联合起来培养民族传统体育人才，需要建立专门的组织机构，要明确组织机构的目标，并做好合作培养优秀人才的规划。建立专门的组织机构后，要明确各部门的职责，职责明晰是非常重要的，机构中各部门工作人员充分发挥自己的能动性与优势，履行自己的职责，同时各部门之间加强互动与交流，做好协同与配合，从而大大提高组织机构的服务能力和服务质量，最终培养出优秀的民族传统体育人才。校企合作的专门组织机构中，应该成立"校企委部门"，该部门的主要成员应包括高校体育院校领导和企业高层管理者，该部门的主要作用是明确校企合作的方向与目标，把握大局，严格监督，

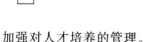

加强对人才培养的管理。

(二)构建科学培养模式

高校与企业合作培养人才需要经历一个长期的过程,而在初期磨合的过程中要特别注重收集反馈信息,如来自社会的反馈,来自学生的反馈等,根据反馈而调整合作方案,变通合作方式,旨在促进合作效益和人才培养效果的提升。高校与企业要各自发挥自己的资源优势,高校要利用教学资源而建立实习基地,企业应从社会需求和企业发展需求出发而设置实习岗位,使学生在实践中提升自己的能力。为了促进校企合作途径的有效落实,需要建立科学的校企合作培养模式,由高校民族传统体育专业的学生申请实习计划,先在学校实习基地进行实习,然后进入企业进行岗位培训与实习,经过实习后,具备良好专业素养和满足企业就业要求的学生可顺利到岗就业,这是一套完整的人才培养体系,能够提高人才培养的效率,也能帮助民族传统体育专业学生解决就业问题。

(三)建立与完善激励机制

在高校与企业合作的组织部门中,应积极建立"校企结合"的组织激励机制,通过采取一些奖励措施,充分调动校方、合作方的积极性。

从校方角度出发,可采取以下激励措施。

第一,增加校方组织部门人员的津贴,激发组织工作者的工作热情,为企业挖掘人才。

第二,给予学生优秀实习生、优秀毕业生等荣誉,鼓励他们积极参加校企合作项目,满足企业需求。

从合作企业角度出发,主要采取激励措施,给校企合作专门组织机构人员提供额外薪资奖励,激发其工作积极性,为企业去搭建更多的合作平台,挖掘更多的人才资源。

(四)提高校企双方合作力

要提高校企双方的合作力,就应该注重合作协议的拟定与签署,通过协议明确合作双方各自的权利、义务以及需要承担的法律责任,通过法律渠道监督与约束双方行为,通过法律效力提高双方在合作内容上的执行力,从而保持长久合作。双方只有不断完善协议,才能尽可能预防意外事情发生,切实提高合作力,提高合作培养人才的效果。

(五)注重与媒体的互动、合作

现代社会是一个网络化的时代,什么行业都离不开互联网时代大数据的发展。从数字电视到如今的移动手机,足以见得媒体所蕴含的传播力量。当然媒体业为了提高其影响力,也会去抓捕吸引公众的新闻时事,如体育、武术类新闻。因此,高校与企业的合作中,可借助媒体的力量,将武术与民族传统体育专业的精彩表演画面通过电子设备屏幕呈现给大众,一方面提高了媒体的收视率,另外一方面也扩大了学校与企业的知名度,更稳固了校企合作的基础。

第八章　全球化视野下我国民族传统体育文化传播与发展的实证

　　民族传统体育文化作为中华民族传统文化的重要组成部分,在我国有着非常深厚的基础,其所产生的文化基奠也非常牢固,这些都为其在我国国内的发展创造了有利的条件。当前,民族传统体育文化已经逐渐占据着传统文化的重要领地。而随着全球化发展的不断推动,我国民族传统体育文化逐渐开始走出国门,走向世界,可以说,全球化为我国民族传统体育文化的进一步传播与发展起到了巨大的推动作用。本章主要对中华武术文化、太极拳文化、舞龙舞狮文化以及其他民族传统体育项目文化在全球范围内的传播与发展进行分析和阐述,从而对全球化视野下我国民族传统体育文化的传播与发展情况有较为全面且具体的了解与认识。

第一节　中华武术文化的传播与发展

　　武术是中华民族传统体育的重要内容之一,因此,中华武术文化也是中国民族传统文化的典型代表之一,其传播与发展状况也能一定程度上反映出我国民族传统体育文化的传播与发展。

一、中华武术文化与现代社会发展相契合的价值体现

　　作为中国传统体育的重要方面,中华武术有着悠久的发展历史,发展至今,其已经发生了较大的演变,成为一项典型的民族传统体育。

　　随着社会的不断推进,武术在具体内容和形式等方面都发生了一定的变化,但是,中华武术文化的价值内核却始终保持地完好,并且生命力

顽强。发展至今,作为中华民族宝贵精神财富,中华武术文化的价值仍然会因其与现代社会发展相适应而继续被发扬光大,并不断传承与发展下去。

具体来说,中华武术文化与现代社会发展相契合的价值主要体现在以下几个方面。

(一)以崇武尚德为先导

"未曾学艺先学礼,未曾习武先习德。"这是中国武术节广泛流传的一种说法,这也一定程度上反映出了中国武术向来都是非常重视习武者的德行培养的,并且道德在中国武术中居于首要地位,在中华武术的学习过程中,将习武和做人有机联系到一起。

在中华武术漫长的发展过程中,已经逐渐形成了"武德胜于武技"的共识,习武者的道德修养被高度重视,并被提到了较高的位置,同时,为了有效协调习武者与他人、与社会之间的关系,促使他们培养并建立传统的"崇德扬善"道德观,将习武者的"德"与"艺"两者有机统一起来,某种程度上,体现出了中华优秀传统文化重和谐、讲中道的追求"中和"的显著特征。

中华武术文化将武德作为关注的重点所在,并且提出了"爱人"和与人为善的观点,将人与人之间的和谐境界作为追求,将中国传统武术文化的终极要义——"个体和谐、人际和谐、天人和谐"展示得淋漓尽致。

从某种意义上来说,中华武术文化的崇武尚德思想对于人们气质修养的提升有一定的帮助作用,能使其心理和精神需求得到较好满足,这正是注重思想道德建设和社会和谐稳定的新时代所急需的。

另外,在现代社会中继续传承中华武术文化的武德思想,能够将其时代价值充分体现出来,这不仅在维护社会稳定上有所体现,也反映在社会发展的助推力上。

(二)以哲理修养为基础

哲学思想对各个领域都有着不同程度的影响,可以说,各个领域都是在哲学的基础上产生并发展的。中华武术是在中华优秀传统文化的沃土之中逐渐发源而来的,并且在其不断的发展过程中不断受到中国传统哲学的影响,这里所说的影响是多方面、综合性的,主要涉及中华武术的运动形式、技法原理、训练方法等方面,也正是因为如此,博大精深的中华武术文化得以孕育产生。到了明清时期,中华武术集大成发展,这就进一步促使武术与传统哲学的结合更加紧密,中华武术文化的成熟和完备程度也逐渐增加,内家拳是主要的体现形式。

对于不同种类的内家拳来说,它们之间也存在着共同特点,即为都直接用中国哲学理论阐释拳理,重视修身养性,并且将中华武术文化的哲学内涵反映了出来。

发展至今,中华武术文化与中国传统哲学的完美融合已经顺利实现,并且将其深厚的哲学底蕴充分展现了出来。中华武术文化能够将其中的哲学精髓充分展现出来,这对于人们思维想象空间的进一步拓展、满足人们更深层次的精神追求都是有着非常显著的现实意义的。

(三)以兼容并蓄为本

关于武术的发源,有"拳兵同源"的说法,具体来说,就是指武术与军事是同源之水、同本之木;"拳起于易,理成于医"。这些都将中华武术文化的起源、形成与中国传统易学和医学之间的密切关系反映了出来;同样,武术在发展的过程中也会不断吸入戏曲、书法、绘画、文学、宗教等其他中国传统文化形式的诸多元素。

在当今这个全球化发展的视野下,对中华武术文化兼容并蓄的可贵品质进行进一步的传承,一定程度上为人们精神修养层次的提升提供强大助力,还为中华武术文化在世界范围内的传播与发展奠定了坚实的基础。

(四)以形神兼备为体

一直以来,中华武术都有形神兼备、内外相合的要求,这也是中华武术区别于其他运动项目的一个本质所在。在演练一个或一系列武术动作时,习武者总是通过身体的运动来展示其"形",并借助外在的"形"来将其其内在的"神"充分表现出来。

中华武术文化中,能够展现"形神兼备、内外结合"要求的项目有很多,其中,经典的长拳较为具有代表性。具体来说,长拳动作舒展大方、快速有力、节奏明快,讲求"四击、八法、十二形",由此,便反映出了中华武术"以形喻势"的风格特征;同时,中华武术的演练过程中,时而如长江大海汹涌澎湃,时而如高山峻岭挺拔肃穆,也充分体现出了中华武术文化所特有的大美特色。

中华武术文化强调形神兼备,也正是因为如此,才成为武术爱好者和研习者外在形式美和内在神韵美相统一的精神享受,这种享受是内外结合的,具有不可替代性。

在当今这个全球化发展的视野下,继续传承推崇形神兼备的中华武术文化,不仅能大力支持和满足广大群众的美好生活需要,也能为其在世界范围内更广阔的传播与发展创造条件。

(五)以深明大义为魂

很早之前,就有学者提出了"刚健尚动"的观点,即一种对从强身到治家、治国、治天下都普遍有益的思想,具体表现为"一身动则一身强,一家动则一家强,一国动则一国强,天下动则天下强"。由此可见,中华武术活动的开展已经不仅仅是一项体育运动项目了,其已经升级为一个更高的家国情怀。这种思想受到广大有识之士的普遍认同,激励着一代又一代的志士仁人为实现民族振兴和国家富强而砥砺前行。

发展至今,中华武术文化的意义得到了进一步的拓展,更为深刻地体现为自强不息、厚德载物、保家卫国的思想境界和浩气长存、生生不息的民族情感。中华武术文化蕴涵的这种深明大义会将人民为国为民无私奉献的热情进一步激发出来,这对于中华武术文化的弘扬有积极的促进作用。

在全球化视野下继续传承中华武术文化的大义,能够为我国早日实现现代化和民族复兴提供强大的力量源泉,也为中华传统文化更广阔的传播和发展提供了强大的助推力。

二、掣肘中华武术文化传播与发展的因素

中华武术文化具备与现代社会发展需要相契合的价值,这一点是毋庸置疑的,这些促进了中华武术文化的传播与发展。但是,当前,中华武术文化在传播和发展过程中受到一些因素的影响,总的来说,这些掣肘因素主要有以下几点。

（一）自身功能价值开发严重不足，需求空间被压缩

中华武术文化本身就具备一定的功能价值，这也是其能使当今社会人们日常提升文化修养、辅助健身养生、锻炼技击能力等多方面的精神文化需求都能得到较好满足的一个重要原因，同时，这也是其与现代社会发展需求相契合的先天优势。

然而，在现代社会中，中华武术文化的功能价值只是被挖掘出了非常小的一部分，还有非常大的挖掘和开发空间。中华武术文化的功能价值不仅得不到足够的重视，还在进一步发掘和开发上较为欠缺，这些都对其固有价值优势的发挥产生了制约甚至阻碍作用，同时也阻碍了其自身在现代社会的创新发展。

某种意义上，进一步深层次地开发中华武术功能价值，实际上就是有效增加中华武术文化供给，这也一定程度上为中华武术文化的传承和发展提供了更加宽广的需求空间，对其在现代社会更好地满足人们日益增长的精神文化生活需要起着举足轻重的作用。如果无法将中华武术文化的功能价值进一步的挖掘和开发出来，那么，就现在的形势来看，势必会使其需求程度大打折扣，从而也会对其传播与发展造成不利的影响。

（二）中华武术受到国际同类项目的冲击

当前，尽管中华武术已经成为国际上较为具有代表性的运动项目，但是同时，也有一些国际同类项目逐渐走入中国，比如，跆拳道、柔道、空手道等，它们在全球化发展的推动下，逐渐进入中国。这些运动项目都在不同程度上冲击着中华武术。尤其在目前的奥运会备选项目中，日本的空手道对中华武术进入奥运会构成威胁。

面对这样的竞争形势，中华武术在对当前传播与发展现状进行分析的基础上，要敢于竞争，在竞争中生存、创新和发展。而要实现这一目标，必须具备国家在这方面的大力支持，比如，成立专门的中华武术国际传播推广机构，将其在统一标准、统一规划、市场运作、创新发展等方面的功能充分发挥出来。

（三）民族传统性渐失，竞技武术和民间传统武术发展失衡

中华武术在产生和发展之时，就已经具备了一些显著特点，比如，娱乐性、竞技性、传统性等，而随着中华武术的不断发展，目前，其竞技化特点更加显著，并且已经成为重要发展方向之一，这对大众来说是有着较大的吸引力的，而与此同时，其原本深厚的民族传统性则逐渐被弱化，致使竞技武术的发展远快于民间传统武术，两者之间的发展呈现出不平衡的发展态势。

当前，武术界普遍反映出这样一种现象，即"套路"的体操化和舞蹈化痕迹越来越严重，而武术元素却越来越少了。这一现象的产生，对中华武术深厚的文化底蕴产生了一定的影响，同时，这种影响也体现在中华武术文化在当今社会的传播与发展。

中华武术在不断的发展中，社会功能也是不断发展变化的观点得到了人们的普遍认可。竞技武术的大力发展，实际上是响应时代召唤寻求武术发展突破口的一个重要反映。但是，即便这样做是有理有据的，也不能忽视中国民间传统武术文化。尤其是在进入现代社会之后，由于我国人口老龄化问题越来越严重，在这样的社会背景下，民间传统武术文化更是迎来了不可多得的发展良机。

竞技武术与民间传统武术分别扮演者不同的角色，其中，竞技武术是弘扬中国武术文化的先锋，而民间传统武术则是中华武术文化发展的坚强后盾。两者都将其自身的价值和功能充分发挥出来，促进中华武术文化的进一步传播与发展。要达到这一目的，就要求竞技武术文化要有所选择地继承民间传统武术文化中的一些优秀基因；反之，人们对中国民间传统武术的关注程度也会越来越高，并逐步领悟其深刻的历史文化内涵。

鉴于此，要将竞技武术文化和民族传统武术文化结合起来，以此来进一步充实和推动中华武术文化的传播和发展。

（四）武术管理机制与现代社会的发展不相适应

目前，我国武术管理机构主要有中国武术协会、武术研究院和国家体育总局武术运动管理中心，同时，各省市县也都成立了各自的分支机构。在中华武术文化的传播与发展过程中，这些武术管理机构所起的作用是非常显著的。但是，事实证明，"管办一体"的管理体制与当前中

华武术的传播与发展是不相适应的。

现代竞技武术套路往往是为了比赛而进行的专业训练,其在群众基础方面就较为薄弱,观看的群众非常少,而中华传统武术在国际上的发展却异常火爆。就目前的这一发展现状,就要求武术管理机制要作出适当的变革,建立与现代社会的发展相适应的市场经济管理体制,走武术职业化、产业化的道路,建立健全武术发展的各种法规政策制度,各种武术俱乐部实行产权明晰的现代企业制度,将经营者的主观能动性和积极性充分调动和发挥出来,从而将社会资本新的活力充分展现出来。

(五)竞争力较弱,难以有效应对其他运动项目文化的冲击

在现代社会中,尽管人们对健康、对运动健身的认识越来越深入,相关的意识也越来越强,但是,从严格意义上来说,中华武术文化产品为非生活必需品的属性,这也就决定了其需求弹性是普遍较大的;同时,中华武术文化产品并不是不可替代的,且有较多的可替代选择。这些问题都在一定程度上反映出了中华武术文化所面临的问题,这些问题,某种意义上是与文化市场中其他运动项目文化之间激烈竞争的结果,因此,为了保证中华武术文化的发展空间,必须采取相应的有效措施。

当前,中华武术文化的相关宣传、推广力度是非常小的,这与其预期的发展状况是非常不相符的,同时,也使中华武术文化的竞争力大大削弱,很难抵制住国外技击术的冲击。比如,跆拳道文化在中国的大肆发展,不仅与其文化时尚的特点有关,还与跆拳道组织的精细化严密管理和其有效的公关策略有着非常密切的关系。①

三、中华武术文化传播与发展的应对措施

通过分析中华武术文化传播与发展的制约因素,也为了能够对其进一步的传播与发展起到积极的促进作用,可以从以下几个方面着手,来积极应对发展中遇到的各种问题。

---

① 王会宗.新时代中国传统武术文化的传承与发展——基于传统武术文化契合时代发展需求的视角[J].临沂大学学报,2020,42(06):54-60.

（一）制定合理发展规划，充分激发武术文化活力

中华武术文化是社会发展的重要内容之一，因此，其传播与发展是在一定的社会环境中进行的，这就要求必须与现代社会的发展需求相适应，同时，也不能忽略了自身演进的客观规律，然后综合各方面依据，来制定出合理的发展规划。

在制定中华武术文化发展规划时，要对其他项目文化的发展经验进行借鉴，这是不可少的，但切记生搬硬套。必须从自身出发，与自身的实际情况相结合，积极创新，才能将合理的发展规划制定出来，也才能为中华武术文化设计出符合其实际情况的合理发展模式，为中国传统武术文化的传承与发展找到真正的出路。

中华武术文化博大精深，其拳种、门派的多样性，以及"拳风"的各具特色，能够为不同人群的不同需求提供满足，因此，这就要求一定要以各拳种武术竞赛作用为依据，来制定与之相适应的发展规划，大力弘扬传统武术文化，激发传统武术文化的现代活力。

除此之外，在制定发展规划时，各种武术组织建设也不能忽视，同时，还要做好武术段位制的推广工作；还要做好中华武术文化传播内容的选择与确定工作，遵循因地制宜、因人而异的原则，积极组织开展武术知识讲座，从而将中华武术文化的现代魅力充分发挥出来，使越来越多的人能够对中华武术的功效有所体会，进而充分享受学习武术所带来的愉悦。

（二）要对中华武术育体功能向文化传承的转向加以关注

中华武术本身作为一项民族传统体育项目，技术动作是其关注的重点所在。而随着中华武术文化的不断推进，文化教育所占的比重越来越大，并且逐渐取代了其在技术动作方面的关注度，由此可见，这不仅是文化教育观念的转向，更是中华武术文化传播与发展的现实需要。

武术教育不仅起到强身健体、文化育人的作用，其还能够在无形中起到熏陶学生武术文化的功能，从而在潜移默化中影响武术的文化传承。①

---

①　刘冠启，石玉雪.体育强国视阈下高校武术文化传承与发展研究[J].武术研究，2021,6(02):27-29.

武术文化传播的开展是一定要以武术技能传授为基础才能实现的，要想将武术文化与武术精神融合起来，就要形成武术文化传播新业态，并且借助这一形式来将其传授于学生，使学生能得到全面的发展，同时，创新和转化身体认知为目标的传统教学方法也至关重要。

（三）树立武术品牌意识，挖掘武术文化软实力

在当今社会，不管是企业还是国家，其要想发展，就必须具备良好的竞争力，而品牌则是其中最为重要的价值体现。某种意义上，品牌的最根本价值就在于通过公众的亲身经历和直接体验，让公众能够对品牌独一无二特点与个性有所记忆、识别、肯定，进而提高受众的忠诚度。这里要强调的是，所谓的品牌，严格意义上是指那些具有独特实质内涵、被消费者充分信任和认可的产品。武术也是如此。

中华武术文化要行得到良好的传播与发展，武术文化品牌意识的培养与建立是至关重要且不可或缺的，同时，还要通过有效深入挖掘武术文化软实力，精心打造传统武术文化品牌，让更多的人对中华武术文化的独特魅力有所体会和感受，让中华武术文化中蕴含的中华民族古朴的独特气质得以深入人心，从而使越来越多的人接受并自觉传播中华武术文化。

（四）开发"互联网＋武术"推广模式，走武术文化传播的信息化道路

当前，对活动的推广，已经成为传播和发展事物的重要手段，这同样适用于文化的传播与发展。通过推广活动的开展，来起到积极引导公众，促使其对文化有一定的理解和认识，同时，也将文化的良好形象塑造出来，某种程度上，也可以将其理解成是为文化的生存和发展创造良好的内部条件和外部环境。

对于包含中华武术文化在内的所有的文化的传播与发展，都是需要一定的推广活动来进行的，可以说，这是一个必要条件，能够将推广活动引导舆论、沟通内外、协调关系的公关功能充分发挥出来，为中华武术文化的生存和发展营造良好的生态环境。

在当今这个迅速发展的信息社会，互联网已经成为人们日常生活中的一个重要方面，不仅如此，其还在人们的娱乐、学习、工作中有着非常重要的参与。互联网能够给人们带来的东西有很多，比如，其是有效获取最大的信息传递量、获取信息最快的沟通交流方式。

在当今社会,中华武术文化要进行传播与发展,也不能因循守旧,而要做到与时俱进、顺势而为,在信息化发展的推动下,将互联网的功能充分利用起来,以此来有效开辟传递武术信息的新阵地,开发"互联网＋武术"的创新模式。除此之外,各种网络平台在宣传推广武术文化方面也有着非常重要的作用,以此来使武术信息资源得以被大众共享,从而对中华武术文化的深度传播与可持续发展创造有利条件。

(五)加强人才队伍建设,加快推进"武术进校园"工程

中华武术文化的传播与发展离不开专业人才的推动,因此,中华武术文化资源有效配置和利用的核心就是人才,其会对中华武术文化创新发展的成败产生至关重要的影响。因此,这就要求一定要做好武术人才队伍建设工作,从而推动中华武术文化的传播与发展,而要做到这一点,加强武术人才队伍建设是必不可少的重要举措。

学校本身就是知识和技能传授的重要基地,对于中华武术文化的传播与发展来说,校园也是关键领地,通过学校中武术教育活动的开展,来有效传承和发展武术文化。武术进入校园,是体育教育发展的一个重要发展方向,而进一步推动这一进程的发展,对于学生增强自身体质,并且进一步深刻理解中华武术文化的独特魅力和广博内涵都是非常有帮助的,某种意义上,这也为中华武术文化的传播与发展奠定了人才基础。除此之外,在校园中发展和传播武术,对于学生接受中华优秀传统文化的熏陶,从而满足其高层次的精神文化需求也是非常有意义的。

中华武术作为中国优秀传统文化的重要部分,其功能具有多元化的特点,在"体育""德育"等方面都有充分的体现。

(1)从中华武术文化教育形式上来说,要对传统的武术课教学形式加以调整和改变,在校园武术教学中进一步将中华武术文化与民族精神文化的传播凸显出来。

(2)在武术的打与练中,将中华武术文化的教育功能更加突出地体现出来,比如,可以适当实行段位制考核。

(3)要对原有的教学手段进行强化,增强武术教学中文化育人的功能。①

---

① 刘冠启,石玉雪.体育强国视阈下高校武术文化传承与发展研究[J].武术研究,2021,6(02):27-29.

（4）要增加学生在中华武术动作发展历史渊源的了解和解读，加大学生在中华传统武术文化方面的宣传力度，强化中华武术的武德教育，提高文化道德品质，落实"立德树人"的教育方针。

（六）探寻对外发展途径，实施"走出去"战略

中华文化博大精深、源远流长，无不体现出中华民族非凡的智慧与神韵，现如今，它正以其独特的魅力逐渐得到了全世界的认可和接受。当前，中华民族传统文化已经吸引到了世界范围内各个国家有识之士来学习和研究，这对于中华民族传统文化的进一步传播与发展是非常有利的。

中华武术具备能够让学习者通过亲自体验获得良好切身感受的特有优势，其在国际上的口碑是非常好的。在中华优秀传统文化大繁荣的浪潮之下，作为中华优秀传统文化杰出代表的中华武术文化，应抓住机遇，积极"走出去"，拓展海外市场，扩大自己的发展空间。

中华武术文化的对外教育活动，不仅要进行针对性的开展，还要与同中国武术相关的中医药文化等其他中华优秀传统文化教育活动相结合，在更大程度上激发学习者研习传统武术文化的兴趣，这对于中华武术文化乃至中华优秀传统文化的海外传播与发展也是非常有有利的。①

第二节　太极拳文化的传播与发展

一、太极拳国际化传播与发展的基本状况

早在封建社会时期，太极拳就已经产生了，因此，这也就决定了太极拳会受到封建社会制度的影响，也是太极拳在产生之后很长一段时间内仅仅是在国内传播，并没有登上国际舞台的一个重要原因。

---

① 王会宗. 新时代中国传统武术文化的传承与发展——基于传统武术文化契合时代发展需求的视角[J]. 临沂大学学报，2020,42(06)：54-60.

到了清朝末年民国初期,我国在社会形态上发生了改变,近代社会逐渐取代了传统封建社会,这样的社会发展形势,为太极拳进一步的传播创造了有利的条件,从而进一步促使太极拳逐渐走出中国,走向世界,并在全球范围内得到有效发展。

太极拳走向国际之后,在多重努力下,太极拳的全球化持续发展势头良好,与此同时,近代中国体育开始出现萌芽,太极拳在全球得以快速的传播与发展,尤其是在东西方文化交流与碰撞、交融与磨合中持续发展。这种社会发展形式,为太极拳的全球化发展提供了强大的助推力,从而使其成为中国近代民间传统武术向现代体育化转型的重要代表。太极拳作为我国的民族传统体育文化代表,其对西方现代文化并没有显著的排斥,其在一定程度上是有所接受的,并且也一定程度上接受了西方现代体育文化的挑战与冲击,也为其日后更为广泛的发展奠定了基础。

目前,太极拳是中国民族传统体育中开展得较普遍、在全球流传较广、认可度较高的运动项目。①

二、太极拳传播与发展过程中存在的问题

当前,太极拳在传播与发展过程中仍然存在着一些问题制约着其传播与发展成效,主要表现为以下几点。

(一)语言差异

传播离不开语言这一重要方式和纽带,对于太极拳的传播与发展来说,传播者与传播对象之间的沟通和交流也是必不可少的,因此,语言在这一过程中至关重要。

太极拳已经在全球范围内开始推广、普及和发展,要进一步推动其全球化的发展,必须借助于有效的沟通,可以说,这是一条解决太极拳全球推广的有效路径,但是实际上,语言方面的差异性限制甚至阻碍了太极拳在全球范围内的传播与发展。某种意义上,可以将太极拳的传播与发展理解为,传播者借助于语言这一形式来向受众讲解和阐述的一个过

---

① 侯欣欣.中国传统文化太极拳的国际化传播及发展战略[D].河南大学,2015.

程。尽管我国的太极拳传播者在专项技术方面是非常过硬的,但是,在基本的语言交流和沟通能力方面却是比较欠缺的。因此,这就要求太极拳传播者致力于各国语言的学习和掌握,从而为太极拳的传播、宣传与推广创造更加有利的条件,推动其全球化发展。

(二)国内外文化差异

我国的文化形态各异,文化所包含的内容也丰富多彩,太极拳文化作为我国的传统文化,其对于不同的个体来说,吸引力是不同的,这主要取决于不同个体在认知习惯、思维方式、行为、价值观等方面的差异性。

发展至今,关于太极拳文化及其发展历程,仍然有很多人知之甚少,甚至根本不了解。可以说,文化差异性的存在,是太极拳相关的文化和理论没有得到全世界的公认一个重要原因,这也是太极拳在全球范围内传播与发展受阻的一个重要原因。

对于太极拳文化的爱好者与学习者来说,他们在接受的教育方式和程度方面都存在着一定的差异性,这就决定了其对所传播过来的太极拳文化的看法与认识也是不同的,其传统态度和认识的影响也会进一步对中国太极拳的有效传播造成一定的影响。因此,这就要求太极拳的传播者在教学之前应认真了解他国的文化,灵活将两国文化融合起来,让学习者更容易接受。

(三)组织宣传机构不够系统,资金支持无法得到保证

要想使太极拳得到有效的传播与发展,单单依靠某个个体的努力是不可能实现的,必须建立完善的太极拳组织机构,并且借助于组织机构的宣传来进行太极拳的推广和传播,如此所取得的推广与传播效果要好很多。由此可见,创建良好稳定组织环境在促使太极拳加快国际推广方面是处于关键性地位的。

发展至今,一些国家对于太极拳组织方面的体育管理部门还持观望态度,没有明确承认,这也反映出了太极拳的影响力还不够大,在专项职能部门的建设方面无法获得足够的支持与关注,不管是经费还是政策方面,都较为欠缺,这些都对太极拳的传播与发展造成了一定的制约作用。

(四)重技术轻文化现象严重

当前,太极拳运动已经走向了国际,但是,进一步调查研究发现,人们通常所学的都是太极拳法,仅限于太极拳的运动技术,尽管太极拳是一项运动,但是,其不仅仅只具有技术动作,还有着自身独特的历史和文化,然而太极拳在传播与发展过程中,将其拳法技术作为重点,却忽视了太极拳的文化和内涵,这就形成了重"形式"轻"意义"、重"技术"轻"文化"的严重情况,这就会使太极拳失去其自身显著的生命力。这种重技术轻文化的现象对太极拳更加广泛的传播与发展造成了制约作用。

(五)师资力量有待提升

太极拳文化本身就是我国的民族传统文化的重要组成部分之一,现今社会学习的人越来越少,这对于太极拳的传播和延续发展是产生消极的阻碍作用的,太极拳的教练更是稀缺,教练的综合素质发展不平衡,文化素质还有待提高,这也一定程度上制约了太极拳文化的传播与发展。

目前,太极拳教学团队中有一部分是技术水平比较高的专业教练,但是,大部分技术水平较低,来源主要是民间的非专业人员,他们从事太极拳教学的目的是解决生活问题,而并不是推广和传播太极拳,因此,他们在专业素养上并没有更高一层的追求,这也使得他们与专业教练标准之间始终存在着一定的距离。尽管我国也会对专业太极拳教练进行培养和培训,但是,在教学过程中,由于语言问题,无法对太极拳进行精确讲解,导致不能很好地授课,所取得的教学效果也并不理想。[①] 可以说,高水平教师的缺乏,使得太极拳在世界范围内的蔓延速度降低,这对于其在全球范围内的传播与发展是不利的。

三、太极拳传播与发展的有效策略

针对太极拳传播与发展的现状以及这一过程中所存在的问题,可以采取以下策略来加以应对。

---

① 肖小金.太极拳的国际传播路径研究.[D].武汉体育学院,2014.

（一）大力挖掘并开发太极拳文化

太极拳本身，作为中华民族传统体育的典型代表，其在文化内涵方面较为丰富和深厚，这也是其真正魅力所在，但是，这并不是太极拳的全部，其还有更多的魅力和价值，这就是后人需要做的工作，即继续挖掘和开发太极拳文化。

发展至今，太极拳所承载的武的本质越来越少，而逐渐发展形成了"公园太极拳"这一特色的体育运动，其被赋予了休闲和养生的特性。然而在传播和发展过程中，要求一定要始终与传统太极拳"练、养"相结合，以"健康和养生"为旗帜进行推广。

太极拳要想得到进一步的传播与发展，推广必不可少，这就需要专业人才去操作，因此，掌握太极拳及一定医学知识的特殊太极拳人才就成为培养的重点。

（二）加强和完善太极拳项目的翻译工作

1. 太极文化项目术语的翻译亟待统一与规范

当前，国际上关于太极拳专业术语的翻译还处于自由散漫的状态，没有形成统一。这就为那些渴望了解太极文化的外国太极拳爱好者增加了学习的难度，也为太极拳在全球范围内的传播与发展制造了麻烦。因此，加强太极拳术语的翻译工作非常重要且有必要。可以组织国内外的相关专家学者来对太极拳术语的翻译工作进行深入细致的探讨，争取尽快实现这方面的统一，赋予其规范性和权威性。

同时，还要注重专业术语译文的标准化问题。要尽可能避免那些只有我国人民才能看得懂的翻译版本，有效减少太极拳全球传播工作中的阻碍，使太极拳专业术语译本的准确化程度有所提升。

2. 出版官方权威的太极拳项目的外文辞典

作为民族传统体育的太极拳要想在国际上得到更好的传播与发展，还需要借助出版权威的官方的太极拳体育项目书籍这一路径。

我国太极拳的全球化发展，某种意义上也会受到相关术语、书籍翻译工作的影响。因此，这就需要首先选择一些国内知名度高、影响力大的太极拳书籍进行翻译,然后将其输送到国外,达到有效弥补国外太极拳书籍市场欠缺的问题。除此之外,还要针对国外受众的具体情况,准确把控并掌握他们使用印刷媒介的动机,出版相应的外文读物,从而使国外受众能够借此途径对我国的太极拳及其文化有更加深入的了解与认识。

除此之外,还要有计划地翻译太极拳相关书籍、影像资料。在翻译工作中,要注意做到由浅入深,有简到繁的传播与发展所产的效果才可能是理想的。

(三)有效提升传播者的综合素养

传播者在所有的文化传播与发展过程中都是重要的参与者与实施者,是不可或缺的重要环节,这在太极拳文化的传播与发展过程中也是如此。一个传播者能力和素质的高低会对文化传播的质量产生直接影响。

东西方文化差异的巨大,就决定了太极拳要想在全球范围内得到传播和发展,就要求其传播者必须具有非常高的综合素养,具体包括:熟练的太极拳拳法套路;良好的跨文化交际能力;熟练的外语应用水平等。尤其是外语水平,其在很大程度上决定了太极拳文化的国际化传播与发展。

(四)明确传播对象定位及专业人才培养

在太极拳传播与发展过程中,一定要明确太极拳传播对象的定位。所有阶层的民众群体都是太极拳的学习者。太极拳的全球化传播与发展过程中,一定要高度重视太极拳的社会传播,这是最重要的。要想使太极拳在全球范围内得到广泛的传播与发展,必须走群众路线,即将普通民众作为传播对象。因此,这就要求一定要将广大的人民群众作为培养的对象,以此来有效扩大太极拳的受众群体,从而推动太极拳文化的推广和宣传工作的开展,有效提升其在各个国家和社会上的影响力。

除此之外,还要做好专业太极拳教师的培训工作,为其从事海外教学活动做好准备。

（五）提升传播内容的规范性

传播和发展太极拳，对其传播内容也有着较高要求，但是，有一点要强调的是，其传播内容并不是统一固定的，而是因人而异、区别对待的。

通常情况下，太极拳的传播内容在确定时，往往需要对受众的年龄、性别和所在地区进行充分考量，切忌一概而过，要求必须严格遵循因人而异、因材施教的原则，否则，太极拳在全球范围内的传播与发展道路要想越走越远、越走越广是非常困难的。

（六）积极拓展太极拳的媒体传播渠道

关于太极拳的媒体传播渠道，认识较为浅显且狭窄，这里主要从以下两个方面入手来加以阐述。

1. 建立太极拳项目国际化传播网络

尽管当前全球范围内太极拳相关的传播机构已经形成了一定的规模，但是，它们的分布形态是较为分散的，在统一组织方面也较为欠缺，因此，建立类似国际太极拳联盟的组织，建立国际性的传播网络是非常重要且必要的。

具体来说，成立华人华侨的太极拳联系体系就是较为具有代表性的措施之一。还可以建立孔子学院等，借助相关的组织机构，来大力推广我国的传统文化，将太极拳和太极文化更好地推向全世界。

2. 加强国外大众媒体对太极拳的信息传播

首先，要将书籍、电影、电视等这些传统意义上的媒体以及表演活动等方式和途径充分利用起来，然后借助于网络路径，来积极开辟太极拳阵地，让太极拳能够在全球范围内得到广泛的传播与发展。

通常来说，太极拳在全球范围内的推广与发展过程中，所借助的传播渠道主要有面授、印刷品、音像制品和电子。[①]

---

① 肖小金．太极拳的国际传播路径研究．[D]．武汉体育学院，2014.

第三节　舞龙舞狮文化的传播与发展

一、舞龙舞狮文化传播与发展现状分析

舞龙舞狮作为民族传统体育运动项目,其在湘西、赣南等地区较为流行。发展至今,舞龙舞狮经过不断的传播与发展,已经成为特色鲜明的文化形态。但是,其现状并不理想。

目前,大部分地区的舞龙舞狮人员老龄化已经是一个普遍现象了,这就导致了他们无法完成难度动作,甚至有些动作被遗忘,从而导致舞龙舞狮的传承内容的完整性受到影响。

另外,受经济发展状况的影响,舞龙舞狮当地的群众,首要选择是外出打工以养家糊口,对于留下来继承和发展舞龙舞狮文化的少之又少,这也是很多地方传统文化失传的一个重要原因。

由于舞龙舞狮文化所处的特殊地理位置极其神秘,这也增强了其神秘感,从而成为吸引世界各地游客前来观光旅游的一个重要方面,为了生计不得不放弃舞龙舞狮而做其他的事来养家糊口。但是,学校在舞龙舞狮方面也没有做好其传播与发展的相应工作,舞龙舞狮文化就是在这样的环境中艰难生存的。

二、舞龙舞狮文化传播与发展过程中存在的问题

可以说,舞龙舞狮文化传播与发展的环境和条件是非常糟糕的,其在传播与发展过程中,还表现出了较为显著的一些问题,这些问题也制约着舞龙舞狮文化的传播与发展,急需解决。

(一)缺乏创新意识

在舞龙舞狮文化的传播与发展过程中,面临着诸多问题,其中,创新意识的欠缺是最为明显的,在当前现代社会的环境下,人们对艺术文化的传承和艺术文化的创新都是非常重视的,尤其是后者,但是,舞龙舞狮

文化还主要停留在传统的艺术形式上,人们没有对其新的艺术内涵和形式进行创新和研究。

另外,这种文化形式在实际的传播与发展过程中呈现出了显著的盲目性,在对艺术文化的创新芳年较为欠缺,由此,便导致了其存在形式化和僵化的问题。

(二)缺乏制度政策的支持

在舞龙舞狮文化传播与发展过程中,其规模仍然与一些竞技体育项目有着较大的差距,群众基础也较为有限,通常只是在节日或者庆祝中来进行舞龙舞狮方面的表演,职业化的程度还不够。导致这一现状的一个重要原因,就是没有相应的国家制度政策来支持其传播与发展,从而导致其竞赛体制的缺失,国家在法律法规方面也没有做好有力的保障工作,这也对其职业化的发展产生了不利的影响,由于缺乏政府部门的宏观调控和正确引导,其艺术文化发展的过程中也受到各种因素的制约。

(三)产业链还不成熟

由于舞龙舞狮文化所处地区的经济发展往往都是欠发达的,这就从根本上制约了舞龙舞狮文化的发展,其产业链的成熟度也不理想,这种体育表演艺术文化主要在节日庆祝、祖先祭祀等活动中使用,学习的人也比较有限,表演的范围比较狭窄,人们主要抱着娱乐的心态进行观赏,民众的参与的积极性不高,这些都对舞龙舞狮文化的传播与发展造成了不利的影响,同时这种艺术文化并没有充分涉及商业表演、服务行业以及竞技赛事中,这也导致了其产业链的单一,人们对它的关注度不高,这也不利于其传承和发展。[①]

三、舞龙舞狮文化传播与发展的有效路径

(一)丰富和拓展传播与发展方式

随着社会的不断发展,广大群众的日常生活对精神追求越来越显

---

① 李华兰,刘正琼. 赣南客家舞龙舞狮民俗体育表演文化传承发展研究[J]. 中外企业家,2018(23):232.

著,民族传统体育项目传统的传播方式已经无法使人们的需要得到有效满足了,这与现代社会日新月异的发展也不相适应,丰富自身的内容以及传播方式多样化是舞龙舞狮长期生存的必备条件。具体来说,在舞龙舞狮文化的传播与发展过程中,所用到的方式应该由单一化逐渐向多元化转变。

(1)通过开发和创新,形成具有特色的本地舞龙舞狮文化。具体来说,就是通过不断地创新、扩大训练规模等方式,来将舞龙舞狮的产业价值尽可能地挖掘和开发出来,同时,大力推进舞龙舞狮文化对区域民族文化的影响,积极拓展龙狮文化的普及和发展,打造具有影响力的品牌队伍,为舞龙舞狮文化的全球化发展创造有利条件。

(2)舞龙舞狮要在不断参加相关比赛的过程中得到传播和发展,这是非常重要的一条途径,从各队的舞龙舞狮技巧中获得更多的信息,使自己不断壮大发展。比如,节庆时的表演,由此能够有效促进交流,营造欢乐的节日气氛,体现舞龙舞狮的健身娱乐功能。

(二)加大舞龙舞狮文化的宣传力度

舞龙舞狮文化往往集中在一定的地区,这就赋予了该地区一定的研究价值。作为我国重要的非物质文化遗产,舞龙舞狮文化要想在全球范围内得到更好的传播与发展,就需要人们能够对这种艺术文化的价值有更加全面且深入的了解与认识,加大其文化宣传的力度是有效措施之一,以此来有效促进人们对其文化的理解。

相关部门也可以从当地出发,来全面收集和整理现有舞龙舞狮资源,然后以对其特点和内涵为依据来进行深入的分析和总结,可以采取活动的形式或者定点发放宣传手册等方式来大力宣传舞龙舞狮文化,由此来有效提升人们对舞龙舞狮文化的了解和认识,并通过交流和展示,将人们参与舞龙舞狮的积极性充分调动起来,推动其良好的发展。

(三)由民间活动向课堂教学迈进

通过相关调查发现,舞龙舞狮在一些地区已经越来越淡出了人们的视线。而且进行舞龙舞狮表演的通常也是年过古稀的老人或者妇女,表演动作极其简单,舞来舞去就是那几个动作,稍微有点难度的就无法进行。这也造成了表演质量低没有技术含量,这也是为什么年轻人不愿意参与其中并传承这一传统文化的主要原因所在。

要想使舞龙舞狮得到科学、系统的传播与发展,走进校园是最好的选择,因为学校的学生纪律性强,可以有计划、有纪律、有组织、科学性地去传播舞龙舞狮文化,还可以将那些体质比较好,符合舞龙舞狮运动需求,且将对舞龙舞狮感兴趣的学生选出来,进行系统的教学和培训,使他们能够更好地掌握舞龙舞狮的基本动作。另外,高校学生的时间通常是比较充裕的,如果能够将舞龙舞狮设置成一门主修课,那么,这就为舞龙舞狮建立了一个非常好的人才培养基地,这对于舞龙舞狮文化传播与发展是有着非常重要的积极意义的。

(四)构建服务平台,发挥政府主导作用

在舞龙舞狮文化的传播与发展过程中,政府政策的支持是必不可少的重要条件,这也是其良好发展的必要保障,因此,这就需要健全政府支持机制,做好对其文化传承和发展的宏观调控。具体来说,可以从以下几个方面着手来进行。

1. 做好对濒危文化的立法保护工作

濒危传统文化是传统文化是重要组成部分,对其保护工作至关重要。这就需要通过立法的形式来达到保护濒危传统文化的目的,这与我国依法治国的号召是相适应的,这也使舞龙舞狮文化的保护做到有章可循、有法可依。[①] 当前,对于非物质文化遗产的保护法还不够健全。因此,这就要求相关政府部门应加大对包含舞龙舞狮文化在内的非物质文化遗产的保护法加大研究力度,加紧立法。

2. 要进一步保护文化传承人

舞龙舞狮文化等传统文化的传播与发展,离不开文化传承人的贡献,否则,文化的传播与发展就很难开展下去。文化传承人是传统文化的载体,这对于舞龙舞狮文化也是如此。鉴于此,就需要采取相应的措施,建立一定量的文化服务中心,来为文化传承人传播与发展传统文化提供便利的平台和服务,以此来实现弘扬和发展包括舞龙舞狮文化在内

---

① 张泽文,张泽奇,乐宏辉,等. 湘西苗族舞龙舞狮的文化传承及发展路径研究[J]. 当代体育科技,2020,10(05):211-213.

的传统文化的目的。

　　3. 做好宣传工作

　　舞龙舞狮文化的传播与发展是需要进行必要的宣传的,网络平台的宣传是主要途径之一,相关政府部门可以利用媒体、公众号、网络、微信、信息等网络平台进行宣传,发挥舆论的作用,来提高舞龙舞狮文化的曝光率和知名度,促进文化交流。

(五)引导产业化的发展

　　在舞龙舞狮文化的传播与发展过程中,不要将舞龙舞狮文化看作是一个独立的个体,其需要与其他产业有机结合起来,实现一体化或者连带发展的模式,才能对其发展速度的提升起到积极的促进作用。同时,由于舞龙舞狮文化本身就具有一定的竞技性质,并且必须具备相关的器材和服饰等这些附属产品,因此,就可以将这些方面作为舞龙舞狮产业化发展的重要组成部分,如此一来,其经济市场的结构就得到了有效的完善。

　　除此之外,舞龙舞狮文化的产业化发展还可以与旅游产业相结合,旅游产业有着广泛的群众基础,将舞龙舞狮文化融入旅游产业中,就为舞龙舞狮文化的发展提供了良好的群众基础,在这样的情况下进行大力宣传,不仅能丰富旅游产业的形式和内涵,还能实现舞龙舞狮文化与其两者的共同发展。[①]

第四节　其他民族传统体育项目
文化的传播与发展

一、形意拳文化的传播与发展

　　形意拳作为我国传统体育文化的重要内容之一,其历史悠久,文化底蕴深厚,在很多地方都有所开展,群众基础较为广泛,可以说,其是中

---

　　① 李华兰,刘正琼. 赣南客家舞龙舞狮民俗体育表演文化传承发展研究[J]. 中外企业家,2018(23):232.

华民族传统文化理论、技术和发展体系研究的"活化石",在国内外都有着非常重要的历史地位。

要想有效传播和发展形意拳文化,需要从以下几个方面着手。

(一)充分发挥专业机构的职能

国际武术联合会在形意拳文化的传播与发展方面是起到重要的主导作用的,要将其作用充分发挥出来。

要建立健全国际形意拳发展机构,规范相关内容,统一标准,重视国外来华的学习者。

要做好形意拳文化传播与发展的相关专业人员的培养与培训工作。

(二)加大宣传力度

要传播和发展形意拳文化,不仅要在观念上有所转变,还要加大文化宣传力度,积极构建形意拳国际产业化发展模式。比如,将各种平台和媒介充分利用起来,大力宣传对形意拳文化,提升其影响力,大力展现形意拳魅力,以此来吸引世界武术友人。

(三)不断更新传播与发展体系

形意拳的传播与发展是需要建立相关体系的,并且体系要做到不断完善和更新,同时,将现代化教学手段充分利用起来,以此来将形意拳纳入到学校体育教育的范畴中。某种意义上来说,形意拳进课堂,首先要求必须与国内外不同年龄、层次学生学习形意拳的教材相适应,其次,为了配合教学活动的开展,还要有针对性地制作系列适合学校普及的多种语言教学音像教材,并且做到内容丰富全面,从而与现代社会的需求相适应。

(四)建立国际化发展平台

形意拳文化属于国家非物质文化遗产的范畴,因此,这就要求做好这方面的保护工作,同时,还要科学建立形意拳国际化发展驱动平台,从而为其更广阔的发展创造有利条件。

形意拳要想得到全球范围内的传播与发展,要积极借鉴太极拳、少林拳等发展较好的经验,①以此,来积极有效地推动形意拳在全球范围内的传播与发展。

二、散打文化的传播与发展

(一)散打国际化传播在可持续发展方面的影响力

调查发现,目前,散打作为我国民族传统体育文化的一个重要组成部分,其在国内和国际上都有了较为广泛的传播与发展,这也一定程度上对其可持续发展产生了较大的影响力,并且这一观点已经在业内被普遍认可和接受,这也是现阶段要重点研究的一个课题。

散打运动的全球化传播与发展是其可持续发展的一个重要趋势和方向。目前,散打运动本身就具有显著的特点,即观众多,参与这项运动的人多,且运动水平也相当高,群众基础广泛且扎实,这就为散打运动持续健康的全球化发展起到了积极的推动作用。

鉴于此,这就要求采取各种方式和手段大力促进散打在全球范围内的传播与发展,使其全球化程度不断提高,保证散打文化的持续、快速、健康发展。

(二)散打传播与发展的主要策略

散打在国际上的传播与发展有着极大的影响力,这也就决定了其必须采取科学有效的策略来进行进一步的传播与发展,具体如下。

1. 充分发挥出散打传播与发展主体的作用

散打的传播与发展离不开传播主体的参与,主要是指传播者及各组织,他们是处于重要前提和基础地位的。

2. 统一散打传播与发展的内容并加以规范

关于散打传播与发展的内容,可以大致分为三个方面:第一,是散打技术;第二,是散打技术中蕴涵的中国传统文化;第三,是机智勇敢、不畏

---

① 王文清. 形意拳国际化发展对策研究[J]. 武术研究,2016,1(10).

强敌、顽强拼搏的散打精神。

从当前的情况来看,散打在技术体系、专项理论、教学训练体系、规则、服装、礼仪等方面都有待进一步完善。另外需要注意的是,在散打运动项目的名称术语、各种腿法的名称等方面要加以统一,并且做好相应的规范工作。

3. 拓展散打传播与发展的途径和手段

散打在国内和国际上的不断推广是需要一个漫长的过程的,实际上,也可以将这一过程理解为是一个人经历信息反应、认识选择、加深理解、参与活动的过程。

调查发现,目前散打传播与发展的途径和手段都较为单一,主要有出版物、电影、电视等这几种媒介传播,而没有充分利用当今最先进的传播媒介——互联网,这就将传播与发展途径手段单一、传播效果不佳的情况充分反映了出来。

总的来说,散打运动传播与发展的其他途径和方式还应该涉及互联网、电视、电子出版物以及电影、文字出版物、广播等。

4. 进一步丰富散打传播与发展的形式

当前,传播形式单一是散打传播与发展过程中存在的典型问题,在宣传和推广时要进一步拓展相应的形式和方式,从而进一步拓展散打运动的爱好者和学习者。

5. 重视散打传播与发展的谋略与技巧

在散打传播与发展过程中,一定要高度重视传播与发展的谋略与技巧,这在很大程度上影响着传播效果。具体着手点有以下几个。

(1)要有品牌意识,建立有效品牌,充分利用明星效应,扩大影响力,使散打能够将更多的爱好者和学习者吸引过来。

(2)继续为成为奥运会正式比赛项目而努力。

(3)要以实际需要为主要依据,来制定和出版散打方面的专业外文教材、刊物及音像制品等,并且使中英文对照翻译得到进一步改善。

(4)加大对外交流力度,定期举办国际散打教练员、裁判员、运动员学习班。

(5)充分利用各种方式和途径来推广和传播散打,比如各种官方或民间组织、武馆、建立海外武术分会等。

(6)有效提升电视转播的世界收视率,并且尽量在国际奥委会较重视的电视网上多争取被宣传的机会,有助于散打的国际影响力的提升。

6. 区别对待散打学习者及爱好者

在现代社会中,人与人之间存在着客观的差异性,这种差异性在社会、历史、经济、政治、文化、风俗、地域等各个方面都有所体现,因此,在单打学习方面的需求也会有所差异,因此,这就要求首先要将传播对象的情况弄清楚,然后派出人员实地考察世界各地的实际情况,从而做到有的放矢,针对性地促进散打文化的发展。

7. 注重散打传播与发展的效果

对于散打运动来说,其最好的传播与发展效果,是散打在世界范围内的广泛传播与发展。① 对于此,要求传播者及时获得传播效果的反馈,再以效果为依据来对传播的策略和手段进行重新调整,从而达到最佳的传播与发展效果。

---

① 漆振光,张峰. 武术散打国际化现状及其对策研究[J]. 博击(武术科学),2006(04).

参考文献

[1]赵元罡,陶坤.民族传统体育[M].北京:北京工业大学出版社,2020.

[2]戴金明.全球化语境下民族传统体育文化传播与国家形象塑造研究[M].长春:东北师范大学出版社,2020.

[3]张兴奇.民族传统体育文化的现代发展与传播研究[M].上海:上海交通大学出版社,2016.

[4]杨乐桂.浅析高校民族传统体育发展困境与对策探析[J].文体用品与科技,2019(20):148-149.

[5]秦钢.我国民族传统体育文化资源与产业发展研究[D].武汉理工大学,2012.

[6]刘春燕,谭华.中华民族传统体育的兴盛、危机与复兴[M].北京:人民出版社,2016.

[7]倪依克.民族传统体育学学科理论体系的研究[J].体育科技文献通报,2006(07):83-84.

[8]毛骥.全球化浪潮下民族传统体育的生存与发展之道[J].贵州民族学院学报(哲学社会科学版),2003(4).

[9]孙秋燕.民族传统体育学科体系的建构探讨[J].文体用品与科技,2019(06):72-73.

[10]贾清兰,王晓飞.新时代民族传统体育学科建设模式与体系优化研究[J].贵州民族研究,2019,40(02):90-93.

[11]郝亮,梁晋裕.民族传统体育学科建设理论与方法探析[J].运动,2015(13):80-81.

[12]高俊兰,黄中伟.黑龙江省高校民族传统体育课程资源的开发与利用[J].体育世界(学术版),2019(01):90.

[13]王会宗.新时代中国传统武术文化的传承与发展——基于传统武术文化契合时代发展需求的视角[J].临沂大学学报,2020,42(06):

54-60.

[14]刘冠启,石玉雪.体育强国视阈下高校武术文化传承与发展研究[J].武术研究,2021,6(02):27-29.

[15]侯欣欣.中国传统文化太极拳的国际化传播及发展战略[D].河南大学,2015.

[16]张泽文,张泽奇,乐宏辉,等.湘西苗族舞龙舞狮的文化传承及发展路径研究[J].当代体育科技,2020,10(05):211-213.

[17]李华兰,刘正琼.赣南客家舞龙舞狮民俗体育表演文化传承发展研究[J].中外企业家,2018(23):232.

[18]王文清.形意拳国际化发展对策研究[J].武术研究,2016,1(10).

[19]漆振光,张峰.武术散打国际化现状及其对策研究[J].搏击:武术科学,2006(04).

[20]钟晓满.中国体育国际传播:挑战与创新[D].成都体育学院,2014.

[21]戚务迪.山东省传统体育文化对外传播现状的调查研究[D].曲阜师范大学,2015.

[22]潘挺."一带一路"背景下民族传统体育养生文化对外传播途径的研究[D].吉林体育学院,2019.

[23]杨柳.民族传统体育项目的国际化传播策略研究[D].武汉体育学院,2013.

[24]饶远,张云钢,徐红卫.论中国少数民族体育政策的特征与启示[J].体育科学,2007(10):56-60.

[25]殷鼎,杨建鹏.我国少数民族传统体育政策发展研究[J].体育文化导刊,2017(10):39-42.

[26]周惠新,欧玉珠,周圣文.中华民族传统体育跨文化传播助力人类命运共同体研究[J].浙江体育科学,2020,42(05):1-8.

[27]贺春阳.人类命运共同体理念研究[J].今古文创,2021(13):56-57.

[28]蓝建卓.民族地区高校少数民族传统体育人才培养路径研究——基于《普通高等学校本科专业类教学质量国家标准》[J].河池学院学报,2020,40(04):82-87.

[29]丁保玉.新时期民族传统体育人才培养模式的构想[J].中国人才,2011(14):265-266.

［30］陈朋.体育产业背景下武术与民族传统体育专业人才培养"产学结合"的路径分析［D］.上海体育学院,2018.

［31］田祖国,郭世彬.民族传统体育［M］.长沙:湖南大学出版社,2018.

［32］杨天舒.民族传统体育文化发展研究［M］.北京:民主与建设出版社,2017.

［33］汝安.民族传统体育文化发展的新视野［M］.长春:吉林大学出版社,2015.